COMPRENDRE
LE QUÉBEC

Ludovic Hirtzmann

« Le Québec, qu'on le prenne
de tous bords, tous côtés,
c'est une difficulté intellectuelle,
une entité qu'on ne retrouve pas
dans les livres des définitions. »

Du fond de mon arrière-cuisine
Jacques Ferron

ULYSSE

Auteur: Ludovic Hirtzmann
Éditeur: Daniel Desjardins
Adjointe à l'édition: Julie Brodeur
Correcteur: Pierre Daveluy
Infographistes: Pascal Biet, Annie Gilbert
Cartographe: Philippe Thomas
Directeur des éditions: Claude Morneau
Photographies
Première de couverture: La Saint-Jean, fête nationale du Québec © Antoine Rouleau;
quatrième de couverture: Les vitres colorées du Palais des congrès de Montréal © Dreamstime.com/Vincent Boisvert;
Le parc national de la Mauricie; © iStockphoto.com/JJRD; Des cabanes de pêche sur la glace; © Dreamstime.com/Onepony.

Remerciements:

Merci à Claude Morneau et à Olivier Gougeon pour avoir cru en ce projet. Je remercie mon amie Brigitte Guyot pour ses relectures passionnées et mes amis Raymond Lemieux, Brigitte Charest, Sylvie Desgagné pour leurs conseils éclairés. Merci aussi à Pierre Elliott Trudeau, René Lévesque et Maurice Duplessis, sans qui ce livre aurait connu un développement différent.
Ludovic Hirtzmann

Guides de voyage Ulysse reconnaît l'aide financière du gouvernement du Canada par l'entremise du Programme d'aide au développement de l'industrie de l'édition (PADIÉ) pour ses activités d'édition.

Guides de voyage Ulysse tient également à remercier le gouvernement du Québec – Programme de crédit d'impôt pour l'édition de livres – Gestion SODEC.

Guides de voyage Ulysse est membre de l'Association nationale des éditeurs de livres.

Catalogage avant publication de Bibliothèque et Archives nationales du Québec et Bibliothèque et Archives Canada
Hirtzmann, Ludovic, 1966-
    Comprendre le Québec
    (Comprendre)
    Comprend un index.
    ISBN 978-2-89464-865-0
    1. Québec (Province) - Mœurs et coutumes - 21e siècle. 2. Québec (Province) - Guides. I. Titre. II. Collection: Comprendre (Éditions Ulysse).
FC2918.H57 2012   390.09714'0905   C2011-942520-3

MIXTE
Papier issu de
sources responsables
FSC® C011825

Sommaire

3 Vivre en société 66

4 Économie, affaires et monde du travail 83

Avant-propos

Cette histoire a commencé comme dans un western. Une poignée d'aventuriers découvrent une « belle province » en des temps immémoriaux. Ils y développent des colonies de peuplement. Ils créent Québec en 1608, puis Montréal. Les colons font du troc avec les Indiens, s'allient aux Hurons. Entre-temps, des nouveaux venus veulent prendre les terres des Français. Dans ce rôle des méchants, ce sont les Anglais, qui s'allient aux Mohawks. Après une guerre d'usure et contrairement aux westerns américains, ce sont les envahisseurs qui gagnent. La Nouvelle-France devient anglaise. Les colons résistent. Malgré les persécutions, ils conservent le français comme langue, avec l'aide du clergé catholique. Celui-ci encourage les Québécois à parler la langue de Molière et à faire des enfants. Mais les curés ne poussent guère leurs ouailles à se cultiver ou à se lancer dans les affaires. Les Canadiens français sont alors des paysans ou des ouvriers pauvres.

Dans les années 1960, ils jettent les soutanes aux orties. Des saints, il ne reste plus aujourd'hui que le nom des villes. Les habitants de la Belle Province créent alors leur Québec. Dynamique, laïque, rebelle, cultivé, avec des tendances indépendantistes. Il n'a pas retrouvé depuis un tel foisonnement intellectuel, économique, culturel. Le Québec s'ouvre au monde. Par deux fois, en 1980 et en 1995, les

Québécois envisagent de se séparer du Canada. Sans succès pour les partisans de l'indépendance, sans que l'on sache, dans le cas du second référendum, si ce rejet de l'indépendance est dû à la fraude électorale du Canada anglais ou à un réel rejet de la population. Cette histoire de l'indépendance est d'ailleurs très symptomatique de la société québécoise. Des francophones ont été premiers ministres du Canada, partisans du fédéralisme, ce que des Européens verraient comme une trahison, une collaboration avec «l'ennemi» anglophone. Au Québec, il n'en est rien. On peut être fédéraliste et francophone sans se faire traiter de collabo. Tolérance extrême alors?

La réalité est bien plus complexe. Il y a l'apparence, pour les touristes et les journalistes des hebdomadaires généralistes parisiens. Et puis la réalité, beaucoup plus cachée. Car la Belle Province est le lieu des faux-semblants. Le Québec ressemble à un pays, mais il n'en est pas un. Ironiquement, il a fallu attendre 2006 et le premier ministre conservateur Stephen Harper, dont les déclarations francophobes dans les années 1990 sont aujourd'hui oubliées, pour que le Québec soit reconnu comme une nation par le Canada. Le Québec est donc une région canadienne où l'on parle le français. Si ce dernier est très différent de celui relativement homogène des pays africains ou d'Europe francophone, c'est peut-être pour mieux montrer que le Québec n'est pas la France ou la Belgique. C'est l'Amérique en français.

Les Québécois revendiquent un côté latin, mais cette latinité est bien diluée, presque homéopathique. L'américanité se voit chaque jour, tant dans les relations distantes entre hommes et femmes que dans un habillement où le charme laisse souvent la place à une fonctionnalité de rigueur. Vu d'Europe, d'Afrique ou d'Amérique latine, l'homme québécois semble avoir abandonné son rôle aux

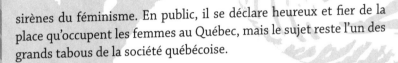

sirènes du féminisme. En public, il se déclare heureux et fier de la place qu'occupent les femmes au Québec, mais le sujet reste l'un des grands tabous de la société québécoise.

Pays des faux-semblants, le Québec l'est aussi dans le domaine de la santé. Alors que les instituts de recherche et les universités québécoises publient régulièrement des études médicales qui font valeur à l'étranger à juste titre et donnent l'image d'une Belle Province performante médicalement, la réalité est tout autre au quotidien. Ainsi, de nombreux Québécois n'ont pas accès à un médecin de famille.

Pays de contraste, le Québec l'est aussi par son apparent nombrilisme. Les médias québécois les plus diffusés axent l'essentiel de leurs nouvelles sur le hockey et les faits divers. Pourtant, les habitants sont curieux, très curieux des cultures étrangères. Ils ne manquent jamais l'occasion de questionner un touriste sur ses origines. C'est peut-être aussi pourquoi les Québécois aiment faire des mélanges, essayer de nouvelles choses. L'un des restaurants les plus célèbres de Montréal a pour plat-vedette la poutine au foie gras, une chose étrange que tout Européen considérerait comme un plat barbare qu'il ne convient pas d'essayer. Mais les Québécois essaient. C'est l'une de leurs forces, celle d'une province jeune où tout est possible et où, lorsqu'on construit, on met les moyens.

Tous les Québécois ont cependant un point commun. Sous prétexte de politiquement correct et de non-généralisation, ils refusent souvent de prendre position et abhorrent la critique, fût-elle constructive. En cela, le Québec ressemble parfois au film américain satirique *Pleasantville*, dont l'histoire se déroule dans une cité modèle où tous les habitants sont heureux et gentils, mais découvrent un jour qu'un monde impitoyable les entoure. Pascal n'a jamais été à la mode. Les philosophes préférés sont plutôt les grands capitaines d'industrie américains. Et c'est tant mieux pour les immigrants, les hommes et femmes qui viennent y faire des affaires. Les Québécois sont d'ailleurs d'excellents vendeurs et négociateurs, proches de leurs sous, efficaces, bien meilleurs commerçants que ces cousins français, dont ils n'ont de cousins que le nom. C'est encore une autre raison pour venir découvrir ce pays multifacettes.

À qui ce livre est-il destiné ?

- Aux touristes qui veulent manger une poutine sans rougir.
- Aux immigrants qui veulent mieux comprendre leur nouvel eldorado.
- À ceux qui connaissent le Québec et veulent en savoir plus.
- Aux organisateurs d'échanges culturels et humanitaires.
- Aux gens d'affaires, aux investisseurs, aux importateurs.
- Aux étrangers qui sont en contact avec des Québécois.
- Aux voyageurs curieux.

Quelques données...

... générales

Superficie : 1 667 441 km²

Canada : 9 984 670 km² – Deuxième pays au monde par sa superficie après la Russie

... démographiques

Population (2011) : 8 millions d'habitants – Canada : 34 millions d'habitants

Densité (2010) : 6 habitants/km²

Population urbaine (2006) : 80,2%

Population rurale (2006) : 19,8%

Les plus grandes villes (selon le recensement de 2011) : Montréal (1 649 500) ; Québec (516 600) ; Laval (401 500) ; Gatineau (265 300) ; Longueuil (231 400)

Langue officielle : français

Religions (2001) : 83,4% catholicisme ; 4,7% protestantisme ; 1,5% islam ; 1,3% judaïsme ; 9,1% autres

Espérance de vie (2010) : hommes 78,2 ans – femmes 83,1 ans

Indice de développement humain (PNUD) pour le Canada (2011) : 0,908 (Suisse : 0,903 – Belgique : 0,886 – France : 0,884)

Taux de fécondité (2008) : 1,74 enfant par femme

Taux de chômage (septembre 2011) : 7,3%

Population active : 4,2 millions

Population qui a accès à un médecin de famille : 74% des habitants âgés de 12 ans et plus.

... économiques

PIB (2010) : 253 milliards de $US

PNB/hab. (2010) : 32 400 $US

Les exportations (2009) : 139 milliards de $ (vers les autres provinces : 60 milliards de $ – vers l'étranger : 79 milliards de $)

Les importations (2010) : 158 milliards de $ (des autres provinces : 60 milliards de $ – de l'étranger : 98 milliards de $)

Indicateurs de consommation :
Télévisions pour 1 000 hab. (2009) : 690 (France 573 ; Belgique 455)

Téléphones pour 100 hab. (2010) : fixes 54,5 ; mobiles 68 (France : fixes 56,8 ; mobiles 95 – Belgique : fixes 40,8 ; mobiles 119)

Internet : utilisateurs pour 100 hab. (2010) : 77,1

Sources : Statistique Canada, Institut de la statistique du Québec, PNUD, ONU, CIA World Factbook

Ludovic Hirtzmann

Ludovic Hirtzmann, journaliste franco-québécois, vit au Québec depuis près de 20 ans. Il a aussi résidé à Vancouver. Auteur de nombreux livres sur le Québec, il possède une longue expertise sur l'immigration des Européens au Québec. Après avoir été l'un des premiers à réaliser de nombreux dossiers et hors séries dès les années 1990 sur ce sujet, il a écrit le volet Canada-Québec du portail internet de la Maison des Français de l'étranger (ministère des Affaires étrangères français). Ludovic Hirtzmann a publié plusieurs ouvrages sur les médias. Sa passion pour la presse, il la vit au quotidien comme correspondant pour le Canada des plus grands médias de la francophonie. Journaliste éclectique, il a écrit pour les principaux médias du Québec. Conférencier dans de nombreuses universités et écoles de journalisme canadiennes et européennes, il aime le Québec pour sa simplicité et son goût du rêve.

L'iris versicolore
(*Iris versicolor Linné*)

Vous trouverez, au fil des pages de ce livre, un élément décoratif récurrent. Il s'agit de l'iris versicolore, l'emblème floral québécois depuis 1999. Auparavant, le lys blanc, en raison de sa parenté avec la fleur de lys qui figure sur le drapeau québécois, avait été désigné comme fleur emblématique du Québec. Mais comme cette plante méditerranéenne ne pousse pas à l'état naturel au Québec, l'Assemblée nationale a modifié son choix en faveur de l'iris versicolore, une plante indigène qui est en fleur vers la fin du printemps et au début de la saison estivale sur plus de la moitié du territoire québécois, de la vallée du Saint-Laurent jusqu'aux rives de la baie James. Connue également sous le nom de «clajeux», on lui reconnaît des vertus médicinales. Son rhizome, récolté en automne, servait de cataplasme pour soigner piqûres, brûlures et enflures, mais était également utilisé à faible dose comme purgatif, vermifuge et diurétique.

1

Histoire et culture québécoise

Histoire

Il est indispensable de rappeler les grandes étapes de l'histoire du Québec pour bien comprendre les défis auxquels la province fait face aujourd'hui. Cette histoire, teintée de la dualité franco-anglaise, a façonné le Québec contemporain. Si tout a commencé avec les Autochtones, les Premières Nations jouent aujourd'hui un rôle limité dans la société québécoise. Pays de pionniers, pays au climat rude, le Québec a aussi été un terreau fertile pour le clergé catholique. Ce n'est que dans les années 1960 que les Québécois se sont affranchis de la religion. Par la suite, ils ont hésité entre l'indépendance et le maintien au sein du Canada, sans que cette question ait vraiment trouvé de réponse à ce jour.

Avant l'arrivée des Européens

Les premiers peuples autochtones d'Amérique du Nord seraient arrivés au Canada via l'Asie et le détroit de Béring il y a environ 30 000 ans. Ceux qui se sont installés au Québec y auraient élu domicile il y a environ 10 000 ans. Mais les théories sur les origines de ces peuplements et les dates de leur venue au Canada divergent beaucoup.

Les premières expéditions européennes

Selon certains spécialistes, c'est vers l'an 1000 que les Vikings sont venus d'Europe via l'Islande et le Groenland pour s'établir à Terre-Neuve. Si les pêcheurs basques ont mené leurs embarcations jusque dans le golfe du Saint-Laurent dès le début du XVIe siècle, ils ont été suivis par de nombreux explorateurs français, parmi lesquels Thomas Aubert et Jacques Cartier. C'est à Jacques Cartier que l'on accorde généralement la découverte du Canada lors de ses voyages entre les années 1534 et 1542. Lors de son deuxième voyage, en 1534, Jacques Cartier a planté une croix à Gaspé et a pris possession du Canada au nom du roi de France. Il a remonté le Saint-Laurent jusqu'au village d'Hochelaga (Montréal) l'année suivante. À la fin du XVIe siècle, des marchands français contrôlent le commerce de la fourrure dans le golfe du Saint-Laurent.

Les débuts de la colonisation (XVIIᵉ siècle)

En 1608, Samuel de Champlain fonde Québec, un poste de traite de fourrures. C'est alors le premier établissement permanent au Canada. Champlain passe une alliance avec les Hurons contre les Iroquois. Le premier agriculteur de la colonie, Louis Hébert, s'installe avec sa femme et leurs trois enfants en 1617. Les communautés religieuses, les Jésuites, puis les Ursulines suivent. En 1642, c'est la fondation de Ville-Marie sur l'île de Montréal par Paul Chomedey de Maisonneuve, un établissement à caractère religieux puisque la Nouvelle-France est alors sous la coupe de l'Église. En 1627, le cardinal de Richelieu fonde la Compagnie des Cents-Associés, avec pour but d'accélérer l'implantation de colons catholiques français en Nouvelle-France. Cette dernière compte environ 300 habitants européens au milieu du XVIIe siècle. En 1663, elle devient colonie royale. La rivalité entre la France et l'Angleterre mène entre 1689 et 1697 à la première guerre intercoloniale. Les Britanniques sont épaulés par les Iroquois qui, tout au long du XVIIe siècle, ont mené la vie dure aux Français.

La Nouvelle-France (XVIIᵉ siècle – 1763)

En 1715, la population de la Nouvelle-France ne compte que 18 000 habitants européens contre plus de 400 000 pour la Nouvelle-Angleterre. Cette importante supériorité numérique anglaise amène les Britanniques à tenter de plus en plus d'annexer la Nouvelle-France. La colonie, bien que faiblement peuplée, se développe. Le chemin du Roy, qui permet de se rendre à cheval de Québec à Montréal en quatre jours, est inauguré en 1735.

La bataille des plaines d'Abraham et la chute du Régime français

Après plusieurs affrontements entre la France et le Royaume-Uni, la Grande-Bretagne remporte une victoire décisive à Québec, en 1759, lors de la bataille des plaines d'Abraham. Cette dernière consacre la fin du Régime français et la prédominance de l'Angleterre sur les affaires nord-américaines. Le gouverneur français Vaudreuil abandonne officiellement la Nouvelle-France au général Amherst le 8 septembre 1760.

Le Régime britannique (1763-1867)

Le traité de Paris du 10 février 1763 consacre la fin des ambitions de la France en Amérique du Nord. L'occupation britannique ne se fera pas sans douleur et sans heurts. Certains gouverneurs anglais, tel James Henry Craig (1807-1811), laissent le souvenir de dirigeants particulièrement durs. En 1812, les États-Unis tentent sans succès d'envahir le Canada. Les troupes américaines sont stoppées près de Montréal. En 1820, un projet d'union du Haut-Canada et du Bas-Canada veut consacrer l'usage de l'anglais. Le président de l'Assemblée législative, Louis-Joseph Papineau, s'y oppose. Il obtient gain de cause à Londres et fonde le Parti patriote pour défendre les droits des francophones. En 1837, après avoir déposé une série de doléances refusées par Londres pour élargir les pouvoirs de l'Assemblée législative, les Patriotes prennent les armes. Malgré quelques victoires, ils seront assez vite défaits par l'occupant britannique, et leurs chefs seront exécutés en 1839. Londres reprend les choses en main.

La création de la Confédération canadienne (1867)

C'est le 1er juillet 1867 qu'est né le Canada tel que nous le connaissons actuellement, avec l'Acte de l'Amérique du Nord britannique (Loi constitutionnelle de 1867). Le Canada réunit alors quatre provinces: le Québec, l'Ontario, la Nouvelle-Écosse et le Nouveau-Brunswick. L'acte a été voté par le Parlement britannique, sans que le Canada d'alors ait quelque mot à dire. Pierre Joseph Olivier Chauveau devient alors le premier premier ministre de la province de Québec.

Consolidation industrielle et Première Guerre mondiale (1867-1929)

Le Québec s'industrialise avec l'ouverture des mines d'amiante à Thetford Mines en 1878. Dans ce dernier quart du XIXe siècle, la Belle Province, par l'entremise du premier ministre Honoré Mercier, qui jouit d'une notoriété qui inquiète Londres, veut affirmer de plus en plus son autonomie, de même que son caractère catholique. En 1900, Alphonse Desjardins fonde la «coopérative d'épargne et de crédit», qui deviendra plus tard le Mouvement Desjardins, la «banque des Québécois». De son côté, Henri Bourassa, fondateur du quotidien *Le Devoir* en 1910, multiplie les initiatives pour faire développer le bilinguisme. Le Canada participe à la Première Guerre mondiale aux côtés des Alliés. Le Québec s'oppose alors à la conscription, ce qui provoque des émeutes, réprimées par l'armée canadienne.

Crise des années 1930 et Seconde Guerre mondiale (1929-1945)

Dans les années 1930, le Québec n'échappe pas à la Grande Dépression qui touche l'ensemble des pays industrialisés. Maurice Duplessis est élu premier ministre en 1936. En 1940, les Québécoises obtiennent le droit de vote. Les Québécois s'opposent de nouveau très majoritairement à la conscription pendant la Seconde Guerre mondiale.

L'époque de Maurice Duplessis (1945-1960)

C'est l'une des périodes les plus sombres du Québec. Les historiens ont d'ailleurs coutume d'appeler ce moment la Grande Noirceur. Elle correspond à l'époque où le premier ministre Maurice Duplessis a été au pouvoir. Période d'ultra-conservatisme, le duplessisme est marqué principalement par un conservatisme tant social qu'économique. Maurice Duplessis, chef de l'Union nationale, est opposé à tout progrès social et en remet le développement à l'Église catholique. Le premier ministre québécois d'alors entretient une forte coopération avec les États-Unis. Les Québécois l'accusèrent de «vendre le Québec» et tout particulièrement ses ressources naturelles aux entreprises américaines. Il n'en reste pas moins que la Belle Province connaît à cette époque un important essor économique. Ironiquement, la rigidité de la société duplessiste ouvrira la porte à la Révolution tranquille.

La Révolution tranquille (années 1960)

La Révolution tranquille est l'un des grands évènements dans l'histoire du Québec contemporain. Au début des années 1960, le Québec s'émancipe du clergé catholique. Il fait sa «Révolution tranquille». Sans violences, les Québécois tournent le dos à l'Église. Ils osent dire non à l'étouffant Canada anglais. Ils s'affirment dans l'économie, jusque-là réservée aux anglophones. La société civile prend alors le pas sur le clergé. En une décennie, sous l'impulsion du premier ministre Jean Lesage, une société très religieuse devient laïque et prend conscience de son existence. Chose amusante, «Révolution tranquille» est la traduction de l'expression

Quiet Revolution, employée pour la première fois en 1960 par un journaliste anglophone du quotidien torontois *The Globe and Mail*.

L'affirmation du Québec (1960-1975)

L'affirmation du Québec s'inscrit dans le cadre de la Révolution tranquille. C'est lors de cette décennie que les gouvernements québécois lanceront les plus grands chantiers industriels et sociaux de la province. Jean Lesage, dont les slogans électoraux ont été aussi bien « Maîtres chez nous » que « C'est le temps que ça change », favorise l'indépendance économique du Québec. Le Québec renaît sur la scène culturelle, internationale, sociale (création de nouveaux établissements d'enseignement universitaires et pré-universitaires). Cette période est certainement la plus active dans le Québec contemporain. En 1967, Montréal est l'hôte de l'exposition universelle. L'Expo 67 est souvent citée par les Québécois comme le déclencheur de l'ouverture du Québec au reste du monde. La France lui apporte un soutien parfois controversé. Ainsi, en 1967, le général de Gaulle lance son célèbre « *Vive le Québec libre* » lors d'une visite dans la Belle Province, renforçant le mouvement indépendantiste. René Lévesque, ancien journaliste et ministre libéral, fonde le Parti québécois en 1968. C'est au début

40 ans après, De Gaulle embarrasse le maire de Montréal

Quelques jours après le 40e anniversaire de sa célèbre déclaration « *Vive le Québec libre* », une sculpture représentant Charles de Gaulle embarrasse le maire de Montréal, Gérald Tremblay. Le sculpteur français Alain Aslan, auteur d'une Marianne de Brigitte Bardot, a proposé d'offrir un buste du général de Gaulle à la Ville. « *C'est un buste en cire que j'ai réalisé en 1971 après la mort du général. Habitant désormais au Québec, j'ai voulu l'offrir à la Ville de Montréal, mais la mairie n'en a pas voulu* », a confié au *Figaro* Alain Aslan. Aussi surpris que déçu, cet artiste, qui a dessiné pendant 18 ans la pin-up du magazine *Lui* et a exécuté des sculptures représentant le maréchal de Lattre de Tassigny ou Ariane abandonnée par Thésée, pense que « *de Gaulle dérange encore. Ce buste gênait beaucoup. C'est de la politique. Cela m'échappe* ». Alain Aslan aurait aimé voir le buste dans un parc de Montréal. Les autorités municipales ont décliné l'offre et se sont réfugiées derrière un mutisme maladroit. Même après 40 ans, la déclaration du général de Gaulle demeure un sujet sensible au Canada.

Paru initialement dans *Le Figaro* – 8 août 2007.

Histoire et culture québécoise

1

Histoire et culture québécoise

www.guidesulysse.com

des années 1970 que le gouvernement de Robert Bourassa entreprendra le gigantesque chantier hydroélectrique de la Baie-James.

Les premières aspirations souverainistes

De jeunes intellectuels créent des mouvements nationalistes au début des années 1960. L'un de ces regroupements se radicalise et sombre peu à peu dans une spirale de manifestations violentes et d'attentats, en faisant sauter des bombes près des symboles du Canada anglais tels que les casernes ou les postes. La réponse d'Ottawa est démesurée avec l'envoi de l'armée en octobre 1970.

La crise d'Octobre 1970

Avec la Révolution tranquille, la crise d'Octobre est l'un des éléments les plus marquants de l'histoire contemporaine du Québec. Le 5 octobre 1970, le Front de libération du Québec (FLQ) enlève l'attaché commercial de Grande-Bretagne à Montréal. Le 10 du même mois, le ministre du Travail, Pierre Laporte, est enlevé, puis il est retrouvé mort une semaine plus tard. Entre-temps, le 16 octobre, le gouvernement du premier ministre canadien Pierre-Elliott Trudeau avait proclamé la Loi des mesures de guerre dans la Belle Province. Ottawa procède alors à des centaines d'arrestations de journalistes, de syndicalistes, tout en suspendant les droits civils. L'armée canadienne occupe le Québec. Les chars d'assaut sont dans les rues de Montréal. Les évènements d'octobre vont peu à peu s'apaiser, mais ils marqueront durablement les esprits.

L'élection du Parti québécois et le premier référendum de 1980

Le Parti québécois de René Lévesque remporte les élections du 15 novembre 1976, peu après les Jeux olympiques de Montréal. L'élection des indépendantistes crée un véritable cataclysme chez les anglophones du Québec. Nombreux sont ceux qui s'exileront au Canada anglais. Le Parlement, sous le gouvernement Lévesque, entérine le projet de loi 101, qui fait de la langue française la seule langue officielle de la province et rend obligatoire l'affichage en français. En 1980, René Lévesque organise un référendum sur la souveraineté du Québec qui sera rejeté à 60%.

Les années 1980-1994

Les années 1980 et le début des années 1990 seront marqués par une alternance de gouvernements péquistes et libéraux. Le Canada rapatrie la Constitution canadienne en novembre 1981, à la suite de la « Nuit des longs couteaux » au cours de laquelle, en l'absence du Québec, ont lieu des négociations entre le gouvernement fédéral et les neuf autres provinces canadiennes. Le Québec refuse par la suite de signer le document. René Lévesque démissionne en 1985. Robert Bourassa revient au pouvoir. En 1990,

L'indépendance québécoise est en panne

Le 15 novembre 1976, les Québécois élisaient le premier ministre indépendantiste René Lévesque. Plus de trois décennies ont passé, et l'euphorie indépendantiste est retombée. Lors de deux référendums, les Québécois ont refusé de se séparer du Canada. Si la première consultation de 1980 a été un échec retentissant pour les indépendantistes, le second référendum, en 1995, n'a été perdu que d'extrême justesse. *« On sait aujourd'hui que le référendum du 30 octobre 1995 a été proprement volé aux Québécois, notamment par la naturalisation accélérée de milliers de nouveaux immigrants »*, juge le diplomate québécois Bernard Dorin, dans un ouvrage collectif, *Histoire des relations internationales du Québec*. Dans son livre *Que veulent vraiment les Québécois*, le politologue Jocelyn Létourneau révèle qu'il est très difficile de prévoir l'évolution de la société québécoise sur le thème de l'indépendance. *« Les Québécois désobéissent aux modèles conventionnels d'affirmation nationale »*, note Jocelyn Létourneau. Depuis le dernier référendum, le Canada a resserré les conditions nécessaires pour une séparation du Québec. Dans une province respectueuse du droit où il faut demander la permission pour se séparer du Canada, la souveraineté semble plus que jamais une utopie.

Paru initialement dans *Le Figaro* – 10 mai 2007.

l'accord du Lac-Meech qui prévoit des concessions pour que le Québec accepte de parapher la Constitution est rejeté.

Le second référendum (1995)

Lors du second référendum, en 1995, les Québécois ont voté par une infime majorité (50,6 %) pour demeurer au sein du Canada. Les résultats de ce référendum, au cours duquel le Québec n'est jamais passé si près de la souveraineté, ont été fortement contestés par les souverainistes qui ont accusé Ottawa d'avoir distribué la citoyenneté canadienne à de nombreux immigrants susceptibles de voter pour un Canada uni, en plus d'avoir bafoué la loi québécoise sur les consultations populaires qui fixe un plafond de dépenses pour chaque camp. Le premier ministre du Québec d'alors, Jacques Parizeau, a vu dans l'échec souverainiste un évènement dû *« à l'argent et au vote ethnique »*.

De 1995 à aujourd'hui

Après le référendum de 1995, le débat politique québécois s'est adouci pendant une dizaine d'années. À la suite de la démission du premier ministre péquiste Jacques Parizeau, c'est un autre représentant du Parti québécois, Lucien Bouchard, qui lui a succédé.

Lui-même sera suivi d'un autre péquiste, Bernard Landry. Le Parti québécois est battu aux élections de 2003 par les libéraux. Jean Charest est depuis lors premier ministre. En 2007, le paysage politique de la Belle Province connaît un véritable cataclysme. Le débat sur les accommodements raisonnables (voir paragraphe plus loin dans ce chapitre) consacre la montée en puissance d'un petit parti politique populiste de droite, l'Action démocratique du Québec (ADQ), qui relègue le Parti québécois à la troisième place lors des élections de 2007 et place le gouvernement libéral dans une position minoritaire. Deux ans plus tard, l'ADQ est balayée, et le Québec retrouve sa dualité politique. En 2011, l'indépendance ou la souveraineté ne semble toujours pas être au goût du jour, malgré qu'environ 40% des électeurs québécois semblent toujours y croire.

Politique

La politique québécoise s'inscrit depuis plusieurs décennies dans une dualité. Cette dualité n'est pas une dualité droite-gauche comme c'est le cas dans de nombreux pays, mais dans un affrontement entre un parti fédéraliste et un parti souverainiste. Il serait également incomplet de parler de politique au Québec sans la situer dans le cadre plus large du fédéralisme.

Le système politique québécois

S'il existe beaucoup de petits partis et de mouvements politiques, seuls quatre sont présents à l'Assemblée nationale du Québec. Le Québec est traditionnellement constitué de deux grands partis politiques : le Parti libéral du Québec (PLQ) et le Parti québécois (PQ). Le premier inscrit sa plateforme dans un contexte fédéraliste à tendance centre-droite, alors que le second milite pour la souveraineté du Québec au sein d'un mouvement de centre-gauche. Depuis le milieu des années 1990 et jusqu'à la fin 2011, un troisième parti a été représenté à l'Assemblée nationale, l'Action démocratique du Québec (ADQ). Parti populiste de droite, l'ADQ a formé le plus souvent le troisième parti de l'Assemblée. En novembre 2011, un homme d'affaires, Charles Sirois, et un ancien ministre du PQ, François Legault, ont créé un parti de droite aux propositions floues, la Coalition Avenir Québec (CAQ), qui a intégré en son sein les députés de l'ADQ. Dès sa création, la CAQ a constitué un concurrent redoutable pour le PQ et le PLQ dans les sondages. Enfin, la quatrième place est occupée par Québec solidaire, un mouvement souverainiste émergeant de la gauche et désirant une société plus équitable. Il est important de noter que, si les politiciens du PLQ travaillent étroitement avec Ottawa, ils n'en sont pas moins très attachés au Québec. Ainsi, contrairement à ce que pourraient penser des Européens au premier abord, être fédéraliste ne signifie pas être un collaborateur de « l'occupant anglophone », mais bien défendre une certaine vision du Québec au sein d'un Canada uni.

Les relations avec le gouvernement fédéral

Quelque temps après son élection en 2006, le premier ministre canadien Stephen Harper a reconnu que les Québécois formaient une nation. Soumis légalement à un Canada multiculturel, mais aussi tenté de s'affirmer, le Québec, catholique jusque dans les années 1960, peine aujourd'hui à définir ses valeurs et à se positionner face à ses immigrants. La Belle Province dispose d'une totale autonomie dans plusieurs domaines : la perception des impôts, l'éducation, la santé et l'administration de la justice. Il n'en reste pas moins que la province est toujours obligée de tenir compte de l'avis du gouvernement fédéral.

L'importance du Canada dans la façon dont se définissent les Québécois

Jusque dans les années 1960, les Québécois se définissaient comme des Canadiens français. L'affirmation politique du Québec et pas uniquement son affir-

mation souverainiste conduisirent les habitants de la Belle Province à se définir comme des Québécois, plutôt que comme des Canadiens français, une appellation aujourd'hui tombée en désuétude et ne s'appliquant désormais qu'aux francophones du Canada hors du Québec. À l'étranger, une majorité de Québécois se définissent comme des Canadiens, lorsqu'ils sont interrogés sur leur lieu de provenance. Pourtant, le Canada anglais semble souvent bien loin des préoccupations des Québécois, et la plupart des habitants de la Belle Province ne sont tout simplement pas au courant de ce qui s'y passe au quotidien.

« L'absence » d'une logique droite-gauche

La logique politique droite-gauche, omniprésente dans la plupart des sociétés européennes, est beaucoup moins présente au Québec. Depuis déjà plusieurs décennies, l'affrontement politique s'effectue entre deux partis, le Parti libéral du Québec et le Parti québécois. Le premier défend une vision libérale fédéraliste, avec une forte insistance sur la défense du libre marché. Le second plaide pour un Québec souverain, avec une vision plus sociale. Si les différents chefs du Parti québécois se sont souvent positionnés comme étant à gauche, « la gauche » québécoise ne peut en aucun cas être comparée à une gauche européenne, étant plus nuancée et se rapprochant du centre.

Histoire et culture québécoise

1

Cadre géographique et culturel

Situé au nord-est du continent américain, le Québec est la plus grande province du Canada avec ses 1 667 000 km² dont 825 000 km² de forêts et 183 000 km² de lacs. C'est 3 fois la France, 50 fois la Belgique et 40 fois la Suisse. Le Québec s'étend des États-Unis aux mers boréales et de l'Ontario à l'ouest jusqu'au Nouveau-Brunswick à l'est. Peuplé de 8 000 000 habitants, dont la majorité vit au bord du Saint-Laurent, la province est à 80% citadine. Parmi les particularités québécoises, près de la moitié des habitants vivent à Montréal ou dans sa banlieue. Dans ce territoire nordique, les deux principales villes, Montréal et Québec, se situent respectivement à la latitude de Bordeaux et de Nantes.

Si son point le plus haut atteint 1 652 m (mont D'Iberville), le Québec présente peu de dénivellation et les rares monts dépassent rarement 800 m.

Environ 80% des Québécois sont francophones, 10% sont anglophones, et le reste est constitué d'allophones (parlant une autre langue que le français ou l'anglais).

Le climat

Le climat québécois est continental humide. L'hiver, très froid dans certaines régions, dure cinq ou six mois, de novembre à avril. D'une région à l'autre, les variations s'avèrent très importantes. Les températures, glaciales à Chibougamau, sont plus douces à Montréal. Il peut y avoir, selon les endroits, des tempêtes de neige jusqu'à fin mai. Le printemps est court. Il fait rapidement place à un été chaud et humide où le mercure peut monter jusqu'à 35 degrés. C'est à l'automne, fin septembre, début octobre, qu'a lieu, durant certaines années, le fameux été des Indiens (été indien). Ce sont les dernières températures douces avant l'hiver. Le climat, surtout durant les périodes froides, s'impose dans tous les esprits. Lors des tempêtes de neige, la vie ne s'arrête pas, mais fonctionne au ralenti. Cela signifie que le froid occupe les discussions, mais aussi un large espace dans les médias.

Les vêtements

L'hiver, les Québécois ont opté pour des vêtements fonctionnels pouvant résister à des froids polaires.

Bonnets, chapkas, écharpes et anoraks longs sont le lot commun. À cela s'ajoutent des chaussures épaisses, des bottes prévues pour les grands froids. On découvre alors tout l'attirail de la mode hivernale urbaine, jolis parkas assortis de fourrure, bottes et bonnets colorés... Si cela est moins vrai pendant les mois plus tempérés, les habitants de la Belle Province préfèrent généralement une tenue vestimentaire pratique. Les costumes ou les chaussures italiennes ne sont pas légion. À l'exception des quartiers d'affaires, la majorité des Québécois optent pour un style vestimentaire plutôt décontracté.

Une société adaptée au froid

L'étranger pense toujours que le froid est absolument insupportable et qu'il est impossible de vivre dans une société comme le Québec. La société québécoise n'a pas su dominer le froid, mais elle a su s'y adapter. C'est particulièrement le cas à Montréal. La grande métropole francophone de 3,5 millions d'habitants dispose d'une ville souterraine d'une trentaine de kilomètres, où se côtoie un ensemble hétéroclite de magasins et de restaurants, reliés par le métro. Pour permettre à ses concitoyens de faire face aux affres du froid, le maire Jean Drapeau, l'un des derniers grands bâtisseurs du Québec, a lancé au début des années 1960 le chantier du métro de Montréal. Parallèlement, on a entrepris de doter le poumon économique de la Belle Province d'un réseau de centres commerciaux souterrains, reliés par le métro. À ses débuts, le Montréal souterrain est concentré au cœur du centre des affaires, sous les grandes tours de bureaux. La modernité et l'ancien s'y côtoient. Plus vieille entreprise du Canada, fondée en 1670 grâce au

Vivre avec la neige, c'est possible

Bon an, mal an, la neige recouvre le Canada de novembre jusqu'à mars ou avril. Il est très rare cependant que les aéroports soient fermés et que la circulation soit totalement bloquée. À Montréal, la température est proche de moins 10 degrés Celsius. Il neige 61 jours par an sur la deuxième ville du Canada, et il y est tombé en moyenne 2,14 m de neige annuellement au cours des 30 dernières années. Pour ne pas être ennuyés par les flocons de novembre à mars, les techniciens de l'aéroport Montréal-Trudeau ont recours à huit gros chasse-neige et à cinq souffleuses qui dégagent 5 000 t de neige à l'heure. Il existe «deux Montréal», et les équipements de déneigement sont considérables. Il y a donc un Montréal en surface, mais aussi un Montréal souterrain: 30 kilomètres de couloirs où les piétons peuvent se promener, «magasiner», aller au restaurant, prendre le métro. Lorsqu'il neige, des dizaines de gros chasse-neige déblaient les 7 630 rues de la métropole, suivis de camions dans lesquels des souffleuses projettent la neige. C'est ensuite au tour des petits chasse-neige à chenilles qui foncent sur les trottoirs pour en chasser la couche de neige. Ces soldats du froid pourchassent l'accumulation de flocons sur 5 617 km de voies. Pourtant, la neige n'est jamais perçue comme une ennemie, tout au plus comme une source d'ennui vers la fin de l'hiver.

Paru initialement dans *Le Soir* – 30 décembre 2010.

Histoire et culture québécoise

1

www.guidesulysse.com

commerce de la fourrure et dont les propriétés comprenaient alors les terres de la baie d'Hudson, le centre commercial de La Baie d'Hudson est en partie souterrain, relié au métro McGill. Les centres commerciaux construits autour de cette station de métro sont les plus vastes de Montréal. À quelques centaines de mètres de là, on a érigé un vaste complexe de gratte-ciel, mais aussi de commerces et de restaurants en sous-sol, la Place Ville Marie et Les Ailes de la mode. L'ensemble est relié par deux lignes de métro et une gare. Le Montréal en sous-sol a ceci de fascinant qu'il est possible d'y satisfaire tous ses besoins quotidiens (courses, cinémas, salles de sport) et, été comme hiver, de s'y promener en chemisette.

Les longues distances

Le Québec est souvent, dans l'imaginaire des voyageurs, le lieu des grands espaces. C'est tout aussi vrai chez les Québécois qui rappellent toujours aux Européens que les distances entre les villes de la province sont si grandes que les touristes ont du mal à évaluer combien de temps il leur faut pour se rendre d'un point à un autre. Du nord au sud, la province s'étire sur environ 2 000 km. Ces longues distances demeurent toutefois bien théoriques, car il n'existe pas de routes pour se rendre dans le Grand Nord. C'est aussi oublier que plus des deux tiers de la population québécoise habitent sur l'axe Québec-Montréal, une distance

de 270 km, soit un peu moins que la largeur de la Belgique. Ceci dit, se rendre dans des communautés éloignées des grands centres peut être un voyage éprouvant et long (on compte tout de même 700 km entre Montréal et Gaspé), notamment l'hiver en raison des conditions climatiques extrêmes. Dans certaines villes comme Montréal, les rues peuvent aussi être très longues (telle la rue Sherbrooke, qui s'étend sur une trentaine de kilomètres).

Les régions

Il n'y a pas un Québec, mais des Québec. Montréal, avec près de la moitié de la population de la province, joue bien sûr un rôle économique et culturel prédominant, plus encore que la capitale provinciale, Québec. Il n'en reste pas moins que les régions québécoises, agricoles, forestières, minières et maritimes, sont très différentes les unes des autres.

Montréal

Montréal est connue pour son ambiance festive et son architecture débridée, mêlant à la fois les gratte-ciel à l'américaine et les petites maisons cossues à l'européenne. Après plusieurs décennies de politiques favorisant l'immigration, la Belle Province est devenue multiethnique, mais elle n'a pas toujours su intégrer pleinement ses immigrés. Un immigrant devenu Canadien sera toujours considéré par les habitants de la Belle Province comme un étranger et jamais

Plateau Mont-Royal – Le quartier branché

Le «Plateau» est depuis une quinzaine d'années le coin branché pour les francophones (et pour de plus en plus d'anglophones) de Montréal. Les journalistes de tous acabits lancent régulièrement de grands débats de société dans leurs colonnes pour savoir si le Plateau est bien le lieu le plus tendance de Montréal. Les quatre artères principales qui délimitent le quartier sont le boulevard Saint-Laurent, l'avenue Papineau, l'avenue Laurier et la rue Sherbrooke. Le Plateau doit son nom à sa situation géographique. De la rue Sherbrooke jusqu'au pied du mont Royal, l'étendue prend la forme d'un plateau. Le quartier n'a pas toujours été branché, tant s'en faut. Au début du XXe siècle, les ouvriers des usines avoisinantes s'y installent. La mode est alors aux grandes terrasses et aux larges escaliers en bois à l'extérieur des maisons. Jusque dans les années 1970-1980, le Plateau sera un endroit populaire. Puis l'arrivée des bourgeois, des artistes et des intellectuels de tout poil y fera peu à peu grimper le coût de la vie et le prix des logements. Les 100 000 habitants du Plateau vivent dans la plus grande concentration de cafés, de salles de spectacle et de restaurants à Montréal. Le quartier est un lieu idéal pour les noctambules.

comme un Québécois. Dans la mosaïque ethnique qu'est Montréal, si les quartiers haïtiens, italiens et latinos se côtoient harmonieusement, leurs habitants se mélangent peu. La multiethnicité est sûrement la cause du déclin progressif de la langue française à Montréal, qui perd du terrain au profit des «allophones», ces immigrants qui ne parlent ni anglais ni français (voir chapitre 2, paragraphe sur la langue).

Québec

Si Québec est la capitale nationale du Québec, elle n'en reste pas moins une ville moyenne : 508 000 habitants, 754 000 avec la banlieue. C'est trois à cinq fois moins que Montréal, selon que l'on inclut ou non la banlieue. On peut définir Québec par sa haute ville et sa basse ville. La haute ville, ce sont les quartiers riches, le Vieux-Québec, le quartier Montcalm. La basse ville a longtemps été pauvre, avec des quartiers comme Saint Roch, qui revit depuis quelques années grâce à d'importants efforts de revitalisation. Autrefois banlieue de Québec, Sainte-Foy est l'un des plus vastes quartiers avec ses grands centres commerciaux, mais aussi l'Université Laval. Au-delà des querelles de clocher, Québec est plus paisible que Montréal, et elle n'est pas vraiment la ville à recommander pour les fêtards. La capitale est touristique, et l'on y rencontre l'été autant de Français et d'Américains que de Québécois.

Histoire et culture québécoise

1

Ville prospère, elle affiche depuis de nombreuses années déjà l'un des taux de chômage les plus faibles de la province. Une réussite qui est due aussi au nombre important de fonctionnaires. Québec est une ville presque entièrement francophone, même si une part importante des habitants parle le français et l'anglais.

Les régions agricoles

Il suffit de sortir de Montréal ou de Québec pour se retrouver très vite au milieu des terres agricoles. C'est souvent la partie la moins jolie de la Belle Province avec ses longues étendues de cultures et des fermes sans charme aux gros silos métalliques. Cela dit, certaines régions agricoles, dans les Cantons-de-l'Est et le Bas-Saint-Laurent notamment, sont particulièrement charmantes. L'agriculture demeure une ressource importante.

Les régions forestières

Souvent appelées «régions-ressources», pour la ressource naturelle qu'est la forêt, les régions forestières ont le plus souvent été surexploitées. C'est le cas de l'Abitibi-Témiscamingue, de la Matapédia, dont les forêts ne sont plus que l'ombre de ce qu'elles étaient. Un documentaire du chanteur militant Richard Desjardins, *L'Erreur boréale*, a dénoncé ce scandale et causé un vif émoi dans la province, sans que les gouvernements changent grand-chose. Les conséquences, tant sur l'environnement que sur l'économie, sont considérables. Ainsi,

la forêt enveloppante qui borde les autoroutes du Québec, n'est parfois qu'une étroite bande d'arbres qui cachent à la vue des conducteurs des zones de coupes à blanc.

Les régions minières

Les régions minières sont tout particulièrement représentées par l'Abitibi-Témiscamingue et les environs de Thetford Mines, mais aussi par le nord du Québec. Si l'Abitibi-Témiscamingue a reçu ses premiers colons au début du XXe siècle, qui se sont consacrés à l'exploitation et au défrichage des forêts, elle a connu un véritable boom minier à la suite de la découverte d'or dans les années 1930. Certaines villes de la région, comme Val-d'Or, en portent toujours le nom et les traces. La hausse du prix des ressources naturelles vers 2010 a fortement relancé l'exploitation minière. La plus grande mine d'or à ciel ouvert du Canada a commencé à être exploitée à Malartic en 2011. L'exploitation effrénée des ressources naturelles reprend aussi bien dans le nord du Québec, avec des mines de fer, d'or, mais aussi dans la région dite de l'amiante, celle de Thetford Mines, une fibre isolante hautement cancérigène dont l'exploitation est de plus en plus controversée. Le développement minier fait quasiment fi de toute protection de l'environnement.

Les régions maritimes

Les régions maritimes se dépeuplent à grande vitesse, faute d'industries.

Ruée vers l'or en Abitibi

L'Abitibi-Témiscamingue, une vaste région forestière du nord du Québec, connaît cette année une véritable ruée vers l'or, à l'instar de celle qu'elle a connue dans les années 1930. Dans cette région grande comme deux fois la Belgique (65 000 km²) et peuplée d'environ 150 000 personnes, les habitants déplacent même leurs villes pour faire place au métal jaune. À Malartic, 3 600 âmes, l'entreprise minière Osisko a découvert cet été un gigantesque gisement de 8,4 millions d'onces d'or.

Malheureusement pour les habitants de Malartic, le minerai se trouve sous leurs maisons. Les Québécois ont pourtant décidé de déplacer leurs habitations pour répondre à la fièvre de l'or. La hausse des cours du métal jaune a poussé de nombreuses compagnies minières à multiplier les recherches.

Paru initialement dans *La Voix* – novembre 2009.

La pêche n'est plus qu'une industrie de subsistance, dont les différents acteurs vivent de plus en plus difficilement. La Gaspésie est le fer de lance de ces régions et cherche à se développer en attirant un tourisme estival, mais aussi hivernal de motoneigistes étrangers. Bien que le tourisme hivernal se développe doucement, plusieurs établissements demeurent fermés jusqu'au début de juin !

Les oppositions ou les rivalités : Québec / Montréal – Montréal / Régions

Il existe depuis des années une rivalité entre Québec et Montréal, mais aussi entre Montréal et les régions. Fiers de leur suprématie numérique, les Montréalais se moquent assez fréquemment des habitants de Québec ou des banlieues de la métropole, la Rive-Sud et la Rive-Nord. Les banliusards sont souvent appelés les 450, du nom de leur indicatif téléphonique. Les habitants de Québec ont, pour leur part, une certaine rancœur envers Montréal, même si cette rivalité n'a jamais dépassé les mauvaises blagues. Jusqu'au milieu des années 1990, cette éternelle opposition s'affirmait lors de matchs enflammés entre les équipes de hockey des Nordiques de Québec et du Canadien de Montréal.

Histoire et culture québécoise

1

Histoire et culture québécoise

1

La culture

La culture, d'inspiration anglo-saxonne, avec des racines européennes, est riche et variée dans la Belle Province. Elle est aussi très subventionnée. De par sa population, la moitié de celle de la province, Montréal concentre l'essentiel des activités culturelles du Québec. Les festivals sont aussi nombreux dans les régions éloignées. Les Québécois ont su créer un réseau d'activités culturelles accessibles à tous, tant en termes de coûts que de facilité d'accès. Si l'architecture, la littérature ou les arts plastiques, pour ne nommer que ceux-là, méritent d'être soulignés, c'est surtout la musique qui fait office de plus en plus souvent de vecteur de la culture québécoise à l'étranger. Malgré sa faible population, le Québec est parvenu à une percée culturelle remarquable à l'échelle mondiale.

L'architecture

Au regard d'un Européen ou d'un Africain du Nord, l'architecture québécoise semble bien contemporaine. Elle aligne cependant quelques rares bâtiments du XVIIe siècle de style français et le plus souvent des XVIIIe et XIXe siècles de style britannique, que ce soit à Montréal ou à Québec. Le Vieux-Québec, avec ses remparts et ses vieilles maisons en pierre, a conservé en partie le style de la Nouvelle-France. L'architecture québécoise est également une juxta-position de moderne et d'ancien avec des styles tant religieux, qu'anglais, français ou américain. En revanche, comme c'est souvent le cas en Amérique du Nord, le développement de Montréal s'est fait sans véritable plan d'urbanisme, ni cohérence. Le Vieux-Montréal, qui recèle pourtant des trésors architecturaux des XVIIIe et XIXe siècles, a failli faire une place importante à une autoroute à la fin des années 1960! Dans la métropole québécoise, les maisons victoriennes cossues côtoieront les HLM et les gratte-ciel. À l'instar de ce qui se fait un peu partout en Amérique du Nord, les propriétaires ont longtemps été libres de donner cours à leur inspiration architecturale; et comme l'inspiration était plus souvent pratique qu'esthétique, les résultats ont souvent été désastreux. Les choses changent. L'obtention de permis pour effectuer des travaux est de plus en plus souvent exigée. Si l'architecture est éclectique, elle est aussi très marquée par le religieux. Montréal, la ville aux cent clochers, est l'hôte de très nombreux couvents et bâtiments religieux que le clergé peine de plus en plus à entretenir.

La littérature

S'il est prématuré d'évoquer l'existence d'une littérature québécoise à l'époque de la Nouvelle-France, on note en revanche dès le XIXe siècle l'apparition d'auteurs qui exaltent le patriotisme québécois. Premier roman québécois, *L'influence d'un livre* date de 1837. Écrit et publié par Philippe Aubert de Gaspé fils, il est alors en partie censuré par le clergé. Pendant le dernier tiers du XIXe siècle, quelques grandes plumes telles que celles d'Arthur Buies, Octave Crémazie ou du poète Émile Nelligan marquent les esprits. Au début du XXe siècle, le Québec se lance dans une littérature vantant la ruralité, que ce soit avec Claude-Henri Grignon et *Un homme et son péché* (1933), Lionel Groulx et *Les Rapaillages* ou encore Bernard Harry (aussi connu sous le nom de Harry Bernard) et *La Terre Vivante*. Au milieu du siècle dernier, les écrivains multiplient les romans sur le mal de vivre, les clivages sociaux. Gabrielle Roy obtient le prix Femina pour *Bonheur d'occasion* (ce qu'obtiendra Anne Hébert pour *Les fous de Bassan* en 1982). Dans les années 1960 et 1970, la littérature de la Belle Province effectue, à l'instar de la société, sa Révolution tranquille avec des poètes comme Gaston Miron, Roland Giguère et Nicole Brossard, et des romanciers comme Hubert Aquin, Anne Hébert, Marie-Claire Blais et déjà Michel Tremblay. La littérature contemporaine est marquée par une dizaine d'écrivains aux styles éclectiques. Le plus connu est sans conteste Michel Tremblay, qui, avec ses *Chroniques du Plateau Mont-Royal*, a permis de faire connaître un Québec pittoresque. L'on pourrait tout aussi bien citer Nelly Arcan, Marie Laberge, Chrystine Brouillet, Jacques Ferron

ou Gil Courtemanche et Dany Laferrière, un Haïtien établi au Québec qui a obtenu le prix Médicis en 2009 pour *L'énigme du retour*. Le Québec a aussi son lot d'auteurs anglophones. Les plus célèbres sont Yann Martel (*L'histoire de Pi*) et le défunt Mordecai Richler.

Les arts plastiques

Jusqu'au début du XIXe siècle, les œuvres d'art québécoises s'illustrent surtout par leur conservatisme clérical. C'est à la fin du XIXe siècle et au début du XXe siècle que des peintres locaux adhèrent à des courants plus novateurs, comme celui des paysagistes, qui font l'éloge de la beauté du pays. Puis, inspirés par l'école de La Haye, des peintres comme Edmund Morris et Ozias Leduc et des sculpteurs comme Alfred Laliberté introduisent timidement le subjectivisme dans leurs œuvres. L'influence des courants européens commence à apparaître dans les tableaux de Suzor-Coté et s'affirme dans la peinture de James Wilson Morrice, précurseur de l'art moderne au Québec. Il faudra néanmoins attendre plusieurs années, marquées notamment par les peintures très attrayantes de Marc-Aurèle Fortin, avant que l'art visuel québécois ne se place au diapason des courants contemporains.

Alfred Pellan et Paul-Émile Borduas, principal auteur du manifeste du Refus global, sont les chefs de fil de l'art moderne québécois. La publi-

Histoire et culture québécoise

1

www.guidesulysse.com

cation du *Refus global* par Borduas et le groupe des Automatistes en 1948, remet en question les valeurs traditionnelles de la société québécoise et ouvre la voie à deux courants majeurs : le non-figuratif, que l'on peut diviser en deux tendances, soit l'expressionnisme abstrait (Marcelle Ferron, Marcel Barbeau, Pierre Gauvreau et Jean Paul Riopelle) et l'abstraction géométrique (Jean-Paul Jérôme, Fernand Toupin, Louis Belzile et Rodolphe de Repentigny), et le nouveau figuratif (Jean Dallaire et Jean Paul Lemieux). Dans les années 1960, l'arrivée de nouveaux créateurs comme Guido Molinari, Claude Tousignant et Yves Gaucher accroît la place de l'abstraction géométrique. Le sculpteur Charles Daudelin s'affirme comme un pionnier de l'intégration de l'art à l'espace public et à l'architecture. Aussi sculpteur, Armand Vaillancourt innove tant dans l'utilisation des techniques et des matériaux que de l'engagement social qui teinte sa démarche artistique. Enfin, la diversification des procédés et des écoles devient réelle à partir du début des années 1970, jusqu'à présenter aujourd'hui une image contemporaine et très éclatée des arts visuels grâce à l'intégration de la vidéo, de l'audio et des nouvelles technologies.

La chanson et la musique

La chanson est le porte-étendard de la culture québécoise à l'étranger. Elle a littéralement explosé sur la scène mondiale avec les Robert Charlebois, Félix Leclerc dans les années 1960. Gilles Vigneault sera, lui, le père d'un Québec engagé, indépendantiste. Dans la foulée de l'opéra rock *Starmania* de Luc Plamondon, au milieu des années 1970, les chanteurs comme Fabienne Thibault, Diane Dufresne et Claude Dubois connaissent la consécration en Europe. Mais le véritable succès à l'échelle internationale intervient avec Céline Dion. Si le Québec a su créer ses propres styles musicaux, la petitesse du marché québécois oblige les chanteurs à tenter leur chance en France ou aux États-Unis. Les musiciens apprécient le fait que la musique est très subventionnée. De plus, le relatif faible coût de la vie à Montréal permet à de nombreux artistes d'y tenter leur chance. Si Montréal est sans conteste le centre musical du Québec, les régions sont souvent le moyen pour les groupes musicaux de se faire connaître et de vivre lors de présentations dans les maisons de la culture. La musique au Québec ne rapproche pas les communautés, et les groupes anglophones et francophones ont peu d'échanges. Bien que la chanson québécoise se caractérise par l'utilisation quasi-exclusive de la langue française, on trouve toujours quelques artistes pour inclure des titres anglophones sur leur album. Il n'en demeure pas moins que lors de la fête nationale du Québec, le fait que quelques groupes ont tenté de chanter en anglais a souvent créé un tollé.

Musique électronique par −10

Les Montréalais défient l'hiver en dansant sur fond de musique électronique sur les quais du Vieux-Port de Montréal. Les DJ d'Igloofest, la grand-messe hivernale de la musique électronique au bord du fleuve Saint-Laurent gelé, électrisent la foule. Face à la scène des DJ, la foule, compacte, bouge pour se réchauffer plus qu'elle ne danse. Ce samedi soir, il ne fait pourtant que moins 10 degrés. La semaine dernière, le mercure a atteint moins 23. *« Et il y a eu 8 600 personnes ce soir-là, précise François Fournier, porte-parole d'Igloofest. C'est un pied de nez à l'hiver. Plus il fait froid et plus les gens viennent nous voir. »* L'Igloofest a rassemblé 45 000 danseurs en 2010, selon les organisateurs. Les danseurs ont 20 ans en moyenne. Si cette fête est aussi l'occasion de boire du vin chaud et de se reposer dans de gigantesques igloos équipés de gros coussins rouges, l'ambiance conserve toujours son côté bon enfant, comme c'est presque toujours le cas dans ce genre d'évènements dans la Belle Province.

Paru initialement dans *Le Soir* – 1ᵉʳ février 2011.

Si la chanson est de très loin le principal porte-étendard musical de la province, le Québec compte plusieurs musiciens dignes de mention. Parmi eux, le compositeur André Mathieu, les deux principaux chefs d'orchestre de la province, Kent Nagano, de l'Orchestre symphonique de Montréal, et Yannick Nézet-Séguin, qui dirige l'Orchestre métropolitain. Outre les deux orchestres sus-mentionnés, il faut citer l'orchestre de chambre I Musici de Montréal. Le Québec a aussi donné naissance à des musiciens de jazz internationaux, d'Oscar Peterson à Oliver Jones.

La danse

Si les danses amérindiennes existent depuis des siècles, les grandes troupes de danse québécoises n'ont été créées qu'au début du XXᵉ siècle. Là encore, le clergé n'avait pas facilité l'essor de la danse à l'époque de la Nouvelle-France, l'évêque de Québec, François de Laval, interdisant régulièrement toute pratique. Les Grands Ballets canadiens et les Ballets Jazz de Montréal sont les piliers de la danse contemporaine au Québec. Le Québec accueille plusieurs compagnies de danse de réputation internationale telles que La La La Human Steps d'Édouard Lock et la Compagnie Marie Chouinard.

Si les Québécois plus âgés, dans les campagnes notamment, se passionnent toujours pour toutes les formes de danses traditionnelles telles que la danse en ligne (variante

Histoire et culture québécoise

1

www.guidesulysse.com

de la musique country), la gigue et la quadrille (danse avec un dispositif en carré de quatre couples), les plus jeunes vibrent au son de la salsa et du merengue depuis quelques années.

Le cinéma

Les maîtres du cinéma québécois des dernières décennies comme Denys Arcand, Pierre Falardeau, Gilles Carle et Claude Jutra, pour ne nommer que ceux-là, sont suivis par une relève prometteuse composée, par exemple, de Xavier Dolan, Denis Villeneuve, Philippe

Quelques grands films québécois

- *Le Déclin de l'empire américain*, de Denys Arcand
- *Les invasions barbares*, de Denys Arcand
- *Les Plouffe*, de Gilles Carle
- *Octobre*, de Pierre Falardeau
- *Le silence des fusils*, d'Arthur Lamothe
- *Mon oncle Antoine*, de Claude Jutra
- *Les ordres*, de Michel Brault
- *La vraie nature de Bernadette*, de Gilles Carle
- *Le confessionnal*, de Robert Lepage
- *Incendies*, de Denis Villeneuve
- *J'ai tué ma mère*, de Xavier Dolan

Falardeau et Jean-Marc Vallée. Il faut également rendre hommage à Richard Desjardins, dont les documentaires militants, brillants et éclairants, tranchent avec le politiquement correct souvent de mise. Le paysage cinématographique québécois a beaucoup changé ces deux dernières décennies, particulièrement à Montréal. Les cinémas de répertoire (indépendants) ont presque tous fermé leurs portes (à l'exception des cinémas Parallèle, Beaubien, du Parc et de la Cinémathèque québécoise). Les grandes salles, à l'américaine, ont donc pris le dessus avec force *pop-corn* et Coca-Cola.

Si les Québécois sont à juste titre très fiers de leurs productions, cela ne se traduit malheureusement pas par un engouement populaire. Les réalisateurs québécois sont généralement des artistes incompris. Moins de 10% des entrées concernent les films des réalisateurs de la province. Si les habitants de la province aiment leurs téléromans, c'est beaucoup moins visible pour leur cinéma. C'est toutefois beaucoup mieux qu'au Canada anglais, dont les habitants sont plus tournés vers les États-Unis.

Enfin, au Québec, les classements hebdomadaires des films se font en fonction des recettes et non en fonction du nombre d'entrées, ce qui montre une fois de plus l'importance du dollar dans la société québécoise, fusse dans le milieu culturel. En 2010, 12% des films présentés au Québec étaient québécois, 16% étaient français, 6% britanniques et 5% canadiens hors Québec.

Le théâtre

Même si le théâtre québécois existait avant la Révolution tranquille avec des pièces comme *Tit-Coq* de Gratien Gélinas dans les années 1940, l'opposition de l'Église pour les représentations publiques a considérablement freiné son développement. L'art théâtral prend donc véritablement son envol dans les années 1960, notamment avec la pièce *Les Belles-Sœurs* que présente l'écrivain Michel Tremblay, dont les pièces sont très souvent adaptées à l'étranger. Le théâtre québé-cois contemporain est porté par plusieurs artistes tels que Robert Lepage, Wajdi Mouawad, Lorraine Pintal ou encore Denise Filiatrault. Selon le Conseil québécois du théâtre, pour la saison 2007-2008, 212 troupes de théâtre ont produit 375 pièces et donné 7 928 représen-tations dans l'ensemble du Québec. Seuls 7% de ces représentations ont été exportées à l'étranger, pour une très large part en France.

Les salles de spectacle

Tant Montréal que Québec disposent de très nombreuses salles de spectacle. Québec a son Capitole et son Palais Montcalm. Montréal a son Olympia, les salles

La culture affiche salle comble

Montréal a inauguré son «Quartier des spectacles». Ce matin, des dizaines d'ouvriers s'affairaient pour lui donner fière allure. En plein cœur du centre-ville, près du siège social de Desjardins, la «banque des Québécois», une gigantesque maquette détaille les ambitions de ce nouvel espace culturel : «*Un endroit animé où cohabitent les artistes et les gens d'affaires, les résidents, les étudiants et les commerçants.*» À quelques pas de l'Université du Québec, le Quartier des spectacles intègre plusieurs salles de spectacle, des musées, des cinémas et des librairies. Édifié sur un vaste quadrilatère d'un kilomètre carré, ce pôle culturel a remplacé le petit quartier de la fourrure, moribond, et celui moins reluisant des édifices délabrés abritant des *peep-shows*. La Belle Province a fait de la culture l'un de ses fers de lance, avec quelques belles réussites. Grâce à un soutien de l'État et du secteur privé, le Québec a su faire de ses festivals une industrie rentable. Une grande partie des spectacles sont gratuits, financés par la publicité des grands groupes privés et par l'achat de boissons et repas par les spectateurs. Même si les chiffres de fréquentation sont souvent sujets à caution, le cocktail culturel fonctionne et, pour l'instant, ne connaît pas la crise.

Paru initialement dans *La Voix* – juin 2009.

Histoire et culture québécoise

1

de sa Place des Arts, son Métropolis ou son Club Soda, pour ne nommer que ces salles. La plus grande ville du Québec compte aussi en plein centre-ville un immense Quartier des spectacles, destiné à regrouper les scènes de spectacles lors des grands festivals. Les deux principales villes de la province comptent aussi de très nombreuses petites salles alternatives, de petits bars, des tavernes qui reçoivent des groupes de musique émergents. Enfin, le réseau des maisons de la culture, très développé, facilite les représentations d'artistes moins connus.

Les bibliothèques

À l'instar des autres secteurs de la culture, les bibliothèques du Québec, fortement subventionnées, disposent généralement d'importantes collections de livres, de périodiques, de films et de disques. Si l'on compte une bibliothèque par arrondissement à Montréal, la Grande Bibliothèque, inaugurée au début de la décennie 2000, est devenue un véritable succès, tant par son taux de fréquentation que par la qualité de ses collections et son accessibilité à tout un chacun, le contre-exemple de l'élitiste Très Grande Bibliothèque de Paris.

Les festivals

Le Québec foisonne de festivals. C'est aussi vrai à Montréal que dans les différentes régions de la province. Certains festivals sont devenus de véritables institutions au fil des ans, comme le Festival de jazz de Montréal, les FrancoFolies, Juste pour rire, le Festival d'été de Québec, mais aussi le Festival western de Saint-Tite ou Woodstock en Beauce. D'autres, comme le Festival des musiques actuelles de Victoriaville, connaissent un succès grandissant. Si les festivals sont financés par le secteur public, les investisseurs privés sont toujours aussi très actifs. La vente de produits dérivés sur les sites des festivals contribue aussi beaucoup à leurs succès. Il n'en reste pas moins que la fréquentation est plus discutable et assez difficile à mesurer, les organisateurs, toujours optimistes, étant les seuls à publier des chiffres.

Les médias

La province dispose de 10 quotidiens francophones et d'un quotidien anglophone, *The Gazette*. Tous sont des quotidiens régionaux. Sept de ces quotidiens (*La Presse*, *Le Nouvelliste*, *Le Soleil*, *Le Droit*, *Le Quotidien*, *La Tribune*, *La Voix de l'Est*) appartiennent au même groupe de presse, Gesca, et deux autres, *Le Journal de Montréal* et *Le Journal de Québec*, sont la propriété du géant des médias, Quebecor. Un seul quotidien demeure indépendant, *Le Devoir*. Cette convergence existe également du côté des magazines, alors que la plupart sont détenus soit par Quebecor ou par l'imprimeur Transcontinental. Si cette situation inquiète les journalistes québécois, nombre d'entre eux s'y sont

Montréal, la folie jazz

Depuis plus de 30 ans, le rituel est immuable. Dès la fin juin, Montréal se donne au jazz. Évènement sociologique, culturel et économique, le Festival international de jazz de Montréal fait swinguer chaque année un peu plus de monde. Pendant 11 jours, près de deux millions de personnes ont envahi le site du Festival pour découvrir 500 concerts, dont 350 gratuits. En 2004, le *Guinness des records* a sacré le rendez-vous montréalais «plus important festival de jazz au monde». La magie dans les yeux, des pères de famille, des enfants rigolards et des «pitounes[1]» assistent au «bel évènement». Pour beaucoup, il s'agit d'un bain de foule, d'une sortie familiale où le jazz est accessoire. L'évènement est d'abord un festival de rue. Pendant deux semaines, Montréal se métamorphose. Le centre-ville est interdit aux voitures pendant 11 jours. De 18 heures à minuit, des dizaines de milliers de personnes passent d'une scène à l'autre. Toutes les représentations extérieures sont gratuites. L'ambiance bon enfant, sans incident, ferait sauter de joie n'importe quel organisateur de spectacle. Presque chaque année, les organisateurs du festival réunissent un plateau de rêve. Tous les grands du jazz sont venus à Montréal. De Miles Davis à Oscar Peterson en passant par Ray Charles. Montréal fait cependant quelques infidélités au jazz pour accueillir un Compay Secundo ou un Ibrahim Ferrer. D'aucuns disent que le festival a vendu son âme aux sirènes des musiques du monde. Évènement culturel, le Festival de jazz est aussi l'implacable démonstration que la culture peut être rentable.

Paru initialement dans *Paris Match (Match du Monde)* – avril 2005.

habitués au fil des années. De plus en plus, les liens entre les journalistes et la publicité sont ténus. Outre la presse écrite, le Québec compte de très nombreuses chaînes de radio et télévision. Notons la société d'État Radio-Canada, dont la télévision et la radio diffusent des émissions variées et de qualité. Au Québec, si le métier de journaliste est plutôt mal considéré par le grand public, il n'en demeure pas moins envié. Après tout, il a mené René Lévesque, l'un des pères de la nation québécoise, au poste de premier ministre.

Histoire et culture québécoise

1

---

[1] Belles filles, en québécois.

La religion

Le catholicisme a longtemps été au Québec la «religion d'État», non sans heurts avec les croyances autochtones et le protestantisme des Anglais. Les prêtres catholiques ont joué un rôle important dans la conservation de l'identité et de la langue des Québécois après la défaite française de 1760. Si la Belle Province s'est largement affranchie de la religion catholique dans les années 1960 lors de la Révolution tranquille, la religion catholique demeure, en dépit d'une crise des vocations, forte dans les esprits des Québécois. Les autres religions, qui ne constituent qu'un cinquième de la croyance religieuse dans la province, sont toutefois en progression. Depuis quelques années, le débat sur la laïcité est vif avec un pic lors du débat sur les accommodements raisonnables en 2007 (voir paragraphe plus loin).

Les religions au Québec

Religions	% de la population
Catholicisme	83,4
Protestantisme	4,7
Christianisme orthodoxe	1,4
Christianisme (autres)	0,7
Islam	1,5
Judaïsme	1,3
Autres	7
-	100 %

Source : Statistique Canada

Les nouveaux dollars de l'Église

Le traditionnel denier du culte ne suffit plus pour faire vivre le clergé nord-américain. Les représentants des Églises rivalisent d'ingéniosité pour faire face à leurs obligations financières. À Montréal, en cette froide soirée de la fin janvier, un jeune couple, chargé d'emplettes, entre dans la petite église à l'angle des rues Prince-Arthur et Sainte-Famille. Un jeune anglophone les suit, une caisse de bières Molson sur l'épaule. Il rit à pleine gorge, pousse la porte de l'établissement religieux. Le bâtiment de la rue Prince-Arthur n'a plus d'église que l'apparence. Le clergé l'a vendu il y a quelques années à un promoteur immobilier qui l'a transformé en appartements. Depuis le début des années 1990, le clergé catholique canadien se sépare de tranches importantes de son patrimoine immobilier. Le Québec, bastion du catholicisme jusqu'au début des années 1960, a tourné le dos à la Bible.

Publié initialement dans *Le Temps* – 6 février 2007.

Le catholicisme – Apogée et déclin

« *Je crois que le catholicisme doit avoir la préséance sur les autres religions* », a dit à la fin du XIXe siècle le premier ministre Honoré Mercier, qui déclarait également que « *cette province de Québec est catholique et française* ». À la chute du Régime français, la présence de la religion catholique a été l'un des éléments déterminants dans le maintien et le développement du fait français au Québec. Les femmes de la Belle Province ont été exhortées à avoir le plus d'enfants possible. C'est ce que l'on a appelé la « revanche des berceaux ». Dans les années 1960, le Québec s'est libéré de l'emprise de la religion catholique. Les catholiques pratiquants ne seraient plus que 5%. Malgré son déclin, l'Église dispose encore d'un patrimoine religieux considérable. Devant l'impossibilité d'entretenir tous les lieux de culte, le clergé en vend de plus en plus. Les curés louent aussi les salles des églises pour des concerts, des bingos (jeux de lotos) ou des soirées aux organismes communautaires. D'autres ont transformé leur église en gîtes touristiques ou en appartements.

Les religions traditionnelles

Outre le catholicisme, le Québec compte des minorités religieuses protestantes, musulmanes, juives et orthodoxes. Ces religions demeurent toutefois marginales et constituent tout ensemble environ 10% de la religiosité au Québec. L'augmentation croissante de l'immigration asiatique et indienne a eu pour effet de développer les autres religions comme le bouddhisme ou même les religions indiennes.

Les religions évangéliques et les autres

Les religions évangéliques fleurissent, spécialement à Montréal dans les quartiers où l'on trouve beaucoup d'immigrants. Des mouvements religieux alternatifs se développent aussi de plus en plus sur les ruines du catholicisme. Tout comme l'Église de scientologie.

Les fêtes religieuses québécoises (et les autres fêtes)

Les fêtes religieuses sont plus devenues des jours de congé traditionnels que des moments où la foi est pratiquée. Tant Pâques que Noël sont l'occasion de jours de repos bien mérités. Les autres fêtes sont le jour de l'An (le 1er janvier), la Journée nationale des patriotes (le lundi qui précède le 25 mai) et la Saint-Jean [Baptiste], fête nationale des Québécois (le 24 juin). Ces derniers fêtent aussi le 1er juillet, jour de la fête du Canada. La fête du Travail a lieu le premier lundi de septembre, alors que l'Action de grâce occupe le deuxième lundi d'octobre.

Histoire et culture québécoise

1

Le débat sur la laïcité et les accommodements raisonnables

La laïcité québécoise peine à trouver sa voie. La Belle Province, catholique et blanche jusque dans les années 1960, a longtemps revendiqué son identité distincte, laïque. Personne n'a jamais bien su en quoi elle consistait. Car la laïcité est vite contestée. À la rentrée scolaire 2008, un programme «Éthique et culture religieuse» a remplacé l'enseignement religieux.

Ce programme a fait l'objet de vifs débats. Les mouvements chrétiens se sont fortement opposés. Tout comme lors de la proposition à la même époque de supprimer le crucifix qui trône au-dessus des députés de l'Assemblée nationale. L'affaire a provoqué un tollé chez les parlementaires encore fortement attachés au catholicisme. Ces dernières années, les heurts se sont multipliés entre les Québécois de souche catholique et les autres à la suite d'accommodements,

La croisade anticommunautariste d'un village québécois

«Il paraît que des immigrants voilés vont venir ce soir de Montréal nous provoquer.» Yves Trudel, la cinquantaine joyeuse, propriétaire d'un gîte touristique à Hérouxville, attend de pied ferme les immigrants devant la mairie. Le vent glacial balaie les rues enneigées. La température, −34 degrés, bien que l'une des plus froides de la saison, n'a pas ralenti l'ardeur des habitants de la petite paroisse fondée en 1897 par l'abbé Joseph Euchariste Héroux. Dans la salle de la mairie, les citoyens se bousculent pour participer aux délibérations du conseil municipal. Hérouxville, inconnue il y a 10 jours encore, est désormais sur toutes les lèvres québécoises. Le 27 janvier 2007, les conseillers municipaux de ce bourg de 1 338 habitants ont adopté des «normes de vie» à l'intention des futurs immigrants. *«Nous considérons comme hors norme... le fait de tuer les femmes par lapidation sur la place publique, de les faire brûler vives, les brûler avec de l'acide, les exciser.»* Les «normes de vie» ont fait l'effet d'une bombe dans cette province chantre du consensus et du politiquement correct. Denise Cossette, conseillère municipale, prend la parole: *«Nous sommes accueillants, mais nous ne sommes pas prêts à la lâcheté culturelle.»* Claude Veillant, un costaud, ancien policier, applaudit: *«Si on ne fait pas de la prévoyance, on va se faire envahir.»* Jusqu'ici, ce n'est pas vraiment le cas. Hérouxville, située à l'écart du monde, n'a attiré qu'une famille de Mauriciens, un Américain et un retraité français, invisibles ces temps-ci.

Paru initialement dans *Le Figaro* – **13 février 2007.**

souvent religieux. Deux conseillers municipaux juifs de Montréal ont demandé l'ajournement des séances du conseil municipal pour respecter le shabbat. Les enfants musulmans de certaines écoles ont été dispensés de cours de musique, car ces derniers contreviendraient à une interprétation du Coran. Les petits sikhs ont obtenu le droit de porter le kirpan (petit poignard) à l'école. Devant l'importance médiatique, politique et sociale qu'ont prise les accommodements religieux, le premier ministre Jean Charest a nommé une commission d'enquête sur les accommodements raisonnables. Au bout d'une année d'enquête, la commission menée par les historiens et sociologues Gérard Bouchard et Charles Taylor a laissé beaucoup de Québécois sur leur faim.

Les Autochtones

Les relations entre les Autochtones et les Québécois sont souvent tendues. Des politiques étatiques comme la mise sur pied de réserves et de pensionnats ont encouragé l'acculturation des communautés autochtones. Ces politiques ont installé un sentiment de distance et ont contribué à exacerber des rancœurs interculturelles. Les gouvernements tant fédéral que provincial tentent aujourd'hui de rectifier le tir concernant l'autonomie politique, économique et culturelle des Premières Nations. La situation économique et sociale est toutefois diverse selon les communautés autochtones considérées, tout comme le sont les relations avec les Québécois. On assiste en ce moment à la revitalisation de la culture autochtone à l'intérieur des communautés. Dans certaines d'entre elles, encore rares toutefois, le tourisme culturel joue un rôle important à cet égard. C'est le cas par exemple, et ce depuis un moment déjà, chez les Hurons-Wendat de Wendake.

Amérindiens et Inuits

Dix nations amérindiennes et une nation inuite composent la population autochtone du Québec. Selon le ministère des Affaires indiennes du Canada et du Nord canadien, environ 52 000 vivent dans des réserves, alors que 21 000 vivent hors réserve. Exception faite des Cris de la Baie-James ou des Innus, dont la population atteint 16 000 habitants, les communautés autochtones du Québec sont peu peuplées. Comme la plupart n'ont jamais cédé leurs terres, elles possèdent en théorie la plus grande partie du Québec, ce qui n'est pas sans créer quelques frictions. Entre Québécois et Autochtones, le partage du territoire a de tout temps été un problème. La question autochtone est aussi une source de divergences entre les Québécois et les Européens. Les habitants de la Belle Province soupçonnent les Européens de bienveillance et de romantisme envers les Autochtones et le leur reprochent régulièrement.

Affaires amérindiennes

Jusqu'au début des années 1960, bien peu de Canadiens se souciaient du Grand Nord québécois. En 1971, le gouvernement du Québec a décidé d'exploiter le potentiel hydroélectrique des rivières situées sur les territoires autochtones de la Baie-James. Les Cris s'y sont opposés. En 1975, ils ont obtenu une reconnaissance de leurs droits ancestraux, lors de la signature de la Convention de la Baie-James et du Nord québécois. Pour faire valoir leurs prétentions, les Cris sont devenus aussi procéduriers que les Canadiens. Ils se sont tournés vers le pape, l'ONU et le Parlement européen, et ont engagé force avocats. En 2002, les Cris ont signé la «Paix des braves» et réglé dans un premier temps leurs différends avec Québec. Ottawa a suivi cinq ans plus tard. Ce n'est pas le cas des autres nations autochtones. Selon la Commission des revendications des Indiens, sur les 1 296 réclamations déposées par les Amérindiens depuis 1970, seules 442 ont été résolues.

Paru initialement dans *La Voix du Luxembourg* – juillet 2007.

Des relations parfois conflictuelles et taboues

Les relations entre les Québécois et les Autochtones sont souvent tendues. Elles ont même atteint le stade de conflits. En 1990, les Mohawks, habitant une réserve amérindienne proche de Montréal, se sont opposés à la création d'un golf sur un ancien cimetière autochtone. L'affaire a dégénéré et, devant l'impuissance de la police québécoise, le Canada a envoyé l'armée. «La crise d'Oka», du nom de la petite ville d'Oka, située près de la réserve mohawk, s'est terminée relativement pacifiquement, mais elle a laissé un goût amer entre les communautés blanches et autochtones. Dans un ouvrage consacré au Québec, le professeur de science politique Francis Dupuis-Déri résume les choses : «*Les premiers habitants estiment toujours posséder des droits ancestraux sur le territoire découvert, exploré, colonisé et exploité par les nouveaux venus et leurs descendants.*» Si les raisons des conflits sont nombreuses, il faut savoir que les Amérindiens, lorsqu'ils vivent dans des réserves, disposent d'un statut spécial qui leur permet de ne pas payer d'impôts et de taxes. Ces avantages attisent les convoitises.

2

Le quotidien

La langue

La langue est un thème éminemment sensible au Québec. La question linguistique est à la fois un sujet politique et culturel. Les gouvernements québécois ont mis en place des outils pour conserver le français dans la Belle Province. C'est avec succès dans les régions. En revanche, la langue de Molière est en perte de vitesse à Montréal depuis 1990. Cela vaut d'ailleurs pour le Canada dans son ensemble. Selon le recensement mené par l'Institut national de la statistique en 1951, le poids des francophones était alors de 29% au Canada. En 2006, il n'était plus que de 21,6%. Dans l'île de Montréal, les francophones ne représentent qu'une courte majorité (52,6%) et leur nombre ne cesse de régresser. Cette diminution progressive de l'usage de la langue française ne se fait pas toujours au profit de l'anglais, mais d'autres langues parlées par les immigrants. Malgré ces difficultés, les Québécois tentent de résister à l'assimilation linguistique. Ils sont fiers de leur parler. Ils ne souhaitent pas parler le français international. La langue québécoise, difficile à comprendre au début pour les francophones européens, comme pour ceux d'ailleurs dans le monde, peut faire l'objet de tensions avec les habitants de la Belle Province.

La fierté de la langue

Les Québécois sont fiers de parler français. Cette fierté peut s'expliquer par des siècles de résistance à l'occupant anglophone. Aujourd'hui encore, dans les autres provinces du Canada, la bataille linguistique fait toujours rage. Les droits linguistiques des francophones ne sont pas toujours respectés. Parler français dans de nombreuses parties du Canada anglais déclenche parfois des réactions francophobes. Ces réactions de rejet ont forgé une identité linguistique québécoise forte, mais aussi complexe, car isolée du reste de la planète francophone. « *Le Québec entretient avec la langue française un rapport complexe, longtemps empreint d'un sentiment d'infériorité, avant d'être exalté sous sa forme orale, le joual... Cette langue truffée d'anglicismes, d'approximations, d'archaïsmes, d'ellipses et de sacres, nous définissait mieux que toutes les autres théories* », a écrit Pierre Thibeault dans le livre *Québec, espace et sentiment*, avant d'ajouter que la Belle Province prenait le risque « *du repli sur soi* ».

Le français du Québec vs le français international – La guerre des mots

Les différences entre le français international et le français du Québec sont l'un des sujets les plus délicats à aborder. En aucune façon, le français parlé en Belgique, en Afrique, en France ou en Suisse n'est un modèle pour les Québécois. Le français du Québec ne se limite

pas à une question d'accent, comme l'évoquent maladroitement bien des observateurs. C'est aussi un parler très différent du français international, avec sa grammaire propre, ses mots, sa syntaxe. Chose certaine, un francophone non québécois ne devrait jamais reprendre ou corriger un Québécois sur sa façon de parler français. Les habitants de la Belle Province sont, pour certains d'entre eux, persuadés que les Européens francophones ou les Africains se moquent d'eux en ne les comprenant pas. Il y a là une vraie susceptibilité qu'il faut dissiper au plus vite. Ce qui n'est pas toujours facile, d'autant plus que les Québécois ne comprennent pas toujours l'argot ou un français international trop vite parlé. Après tout, au Québec, ce sont les Belges, les Français ou les Africains qui ont un accent. Les habitants de la Belle Province reprochent à juste titre aux Européens francophones l'usage démesuré et souvent maladroit qu'ils font des termes anglais dans leur langue, sans toujours se rendre compte du nombre d'anglicismes qu'ils utilisent eux-mêmes.

Le contexte linguistique canadien et québécois

La publication des résultats du recensement de 2006 dans le domaine linguistique a fait l'effet d'un coup de tonnerre au Québec. Les chiffres sont accablants pour les francophones. À peine 7% des habitants du Canada anglais peuvent soutenir une conversation dans la langue de Molière. À Toronto, sur les cinq millions d'habitants, seuls 58 000 parlent français, alors que 199 000 s'expriment en cantonais et 151 000 en hindi, pour ne citer que ces langues. Pour nombre de Canadiens anglais, conserver deux langues officielles au Canada est une incongruité. Les médias anglophones publient régulièrement des études sur les coûts du bilinguisme. Au milieu des années 1990, Stephen Harper lui-même, à l'époque simple député à Calgary mais aujourd'hui premier ministre du Canada, a assuré à la Chambre des communes que *«la vaste majorité des Canadiens sont contre la politique des deux langues officielles que leur a imposée un ancien gouvernement libéral»*. Il y a dans certains milieux au Canada anglais une haine viscérale contre tout ce qui est francophone.

Les gardiens de la langue

La pérennité du français est toujours menacée dans la Belle Province. La langue française a ses gardiens. Le Québec a mis en place un arsenal législatif pour privilégier l'usage du français dans la province. Les immigrants doivent inscrire leurs enfants dans les écoles françaises. Avec la «loi 101», l'affichage et les marques de commerce des entreprises doivent se faire de façon prédominante en français. À défaut, le contrevenant sera pénalisé. Pour faire respecter la loi, le gouvernement a créé l'Office québécois de la langue française.

Le système de santé

Au Québec, le système de santé, public et gratuit, fonctionne de plus en plus difficilement. Les patients dorment souvent sur des lits de fortune dans les couloirs de centres hospitaliers surpeuplés. Au milieu des années 1990, le gouvernement a fermé des hôpitaux, forcé des dizaines de milliers d'employés à prendre leur retraite pour réduire le déficit budgétaire. La mesure s'est faite rapidement, à la hache, comme c'est souvent le cas en Amérique du Nord. Trop vite. Les conséquences de ces choix sont toujours palpables. Si les chiffres sur l'état de la pénurie du personnel de santé varient beaucoup, environ un Québécois sur quatre n'a pas accès à un médecin de famille et doit se rendre aux urgences pour se faire soigner. Cela dit, l'espérance de vie au Québec est similaire à celle des autres pays industrialisés.

L'assurance maladie

Jusque dans les années 1960, les congrégations religieuses géraient le système de santé. Après quelques années de flottement, le gouvernement a créé en 1969 la Régie de l'assurance maladie du Québec

(RAMQ), qui défraie les coûts dans des hôpitaux, cliniques et centres de santé. Pour avoir accès au système de santé, les gens doivent faire la demande d'une carte d'assurance maladie, couramment appelée «carte soleil» en raison du soleil qui l'orne. Cette carte est renouvelable régulièrement. L'assuré peut en perdre le bénéfice s'il quitte le Québec plus de six mois dans une année.

La gratuité

La province de Québec, comme chacune des provinces canadiennes, administre son système de santé comme elle l'entend, mais, en vertu de la Loi canadienne sur la santé, elle doit respecter les grandes règles éthiques fédérales. La gestion des soins de santé doit être menée par

La Régie de l'assurance maladie – 2009

7,6 millions de personnes sont couvertes par la RAMQ.

3,3 millions sont couvertes par le régime public d'assurance médicaments.

33 000 professionnels de la santé sont rémunérés par la RAMQ.

217 millions de demandes de paiement sont soumises annuellement par les professionnels de la santé.

Source RAMQ.

un organisme public. Les soins doivent être accessibles à tous. Le système de santé est entièrement public et gratuit. Il n'existe pas de ticket modérateur contrairement à ce qui se pratique en France où il faut payer le médecin.

Les services couverts par l'assurance maladie

Si de nombreux soins et interventions sont couverts, ce n'est pas le cas pour la psychanalyse, la thalassothérapie, la kinésithérapie, les soins esthétiques, l'acupuncture. De manière schématique, vu par des Européens, le strict minimum est assuré. Pour le reste, il faut sortir son portefeuille ou disposer d'une assurance privée.

Le régime d'assurance médicaments

Jusqu'en 1997, les Québécois devaient payer l'intégralité de leurs médicaments, du moins pour ceux qui ne disposaient pas d'une assurance privée. Cette année-là, le gouvernement a créé un régime public d'assurance médicaments. Les plus pauvres ont plus facilement accès aux médicaments. Moyennant une cotisation annuelle, les Québécois peuvent, après s'être inscrits auprès de la RAMQ, bénéficier du régime d'assurance médicaments. Les médicaments ne sont pas gratuits, mais leur coût est réduit. Les paiements sont plafonnés, et les usagers n'ont pas à payer plus d'un certain montant mensuel.

Un système en grande difficulté

Le système de santé québécois est en grande difficulté. Il peine à soigner tous les citoyens comme ceux-ci le voudraient. La marge de manœuvre des autorités demeure faible. La santé dévore près de la moitié du budget du gouvernement du Québec. Cette part augmente d'année en année dû entre autres à la pression qu'exerce le vieillissement de la population sur le système de santé. La masse salariale y est pour beaucoup. Les corporations de médecins obtiennent des rémunérations parfois indécentes pour leurs adhérents. C'est le cas pour les médecins généralistes, dont les salaires sont plus du double de ceux de leurs confrères français. La situation québécoise n'est pas unique au Canada. Elle donne parfois lieu à des situations cocasses si elles n'étaient pas si tristes. Comme il n'y avait pas assez de médecins pour les habitants de Yarmouth, une ville de la Nouvelle-Écosse, les autorités ont organisé une loterie en 2006. Le grand prix était une place chez le médecin! Si cette situation illustre à l'extrême la pénurie de personnel de santé au Canada, plusieurs villages se sont inspirés du film québécois *La Grande Séduction*, dans lequel les habitants de «Sainte-Marie-la-Mauderne» ont usé de tous les artifices pour attirer un médecin.

Les centres hospitaliers

S'il existe de nombreux centres hospitaliers dans les grandes villes, ces derniers, débordés, en sont contraints à gérer les urgences. La désorganisation du système de santé conduit beaucoup de Québécois à privilégier l'usage des urgences des hôpitaux pour le moindre bobo. Si le temps d'attente pour une consultation est généralement de quelques heures, l'obtention d'un rendez-vous pour une opération peut être de plusieurs semaines ou mois. En revanche, pour un infarctus, la prise en charge est très rapide. Le système de santé s'est plus ou moins adapté à la situation. Mais pour la population obligée de patienter dans les cas qui ne représentent pas une urgence vitale, le système apporte beaucoup de frustrations.

Les CLSC

Les Centres locaux de santé communautaire (CLSC) sont des dispensaires où l'on peut être reçu par un médecin sans que celui-ci soit pour autant son médecin de famille.

Les cliniques

Les cliniques regroupent sous un même toit plusieurs professionnels de la santé. C'est souvent un regroupement de psychologues ou de médecins, voire de dentistes. Si certaines cliniques pratiquent des chirurgies mineures, elles aiguilleront les patients vers un centre hospitalier pour des problèmes plus graves. Les clients peuvent y prendre rendez-vous, ou se présenter à l'urgence de la clinique.

Les médecins de famille

L'accès à un médecin de famille est théoriquement un droit pour tous les Québécois. Selon les sources, très variables, entre 800 000 et deux millions d'entre eux n'auraient pas accès à un médecin de famille (Statistique Canada chiffre à 3 millions le nombre de Québécois qui n'auraient pas accès à un «médecin régulier»). Ce qui signifie qu'il faut se rendre dans les urgences des hôpitaux ou dans des cliniques qui acceptent de prendre des patients, où le médecin ne connaît pas les antécédents médicaux du patient, qu'il traitera au mieux. Pour pallier la pénurie de praticiens, le gouvernement a un temps pensé avoir recours à l'immigration, ce que les ordres professionnels de médecins ne souhaitent pas pour conserver leurs privilèges. En 2009, la France et le Québec ont signé un accord pilote de mobilité professionnelle de la main-d'œuvre pour que des infirmières ou des médecins français et québécois puissent aller travailler plus facilement dans l'un ou l'autre pays. Tout cela reste théorique. Le recours à l'immigration est rarement bienvenu aux yeux des ordres professionnels.

La médecine au quotidien

Les médecins ne se déplacent pas à domicile (à l'exception de quelques très rares praticiens privés). En cas de problème grave, il faut donc appeler une ambulance, dont les

Conseil aux immigrants

Si vous le pouvez, conservez l'assurance maladie de votre pays. Gardez le contact avec le médecin de famille de votre pays d'origine. Lorsque vous reviendrez en vacances en Belgique, France ou Suisse, vous pourrez ainsi y subir des examens médicaux difficiles d'accès au Québec.

services sont payants, sauf pour les victimes d'accidents de travail ou de la route ainsi que pour les personnes âgées de 65 ans et plus.

L'ouverture vers le privé

Longtemps interdite au Québec parce qu'interdite par une loi-cadre du gouvernement canadien, la pratique privée tend à se développer. En 2005, un médecin français a obtenu, après des années de bataille juridique avec le gouvernement québécois, que les médecins puissent exercer dans le privé dans un certain nombre de domaines. Il existe quelques cliniques privées, mais aussi des agences d'infirmières privées. Perçue par certains comme la panacée, la pratique privée est la voie selon d'autres à l'ouverture d'une médecine à deux vitesses. Chose certaine, dans les cliniques privées, le coût des honoraires est trop élevé pour les classes moyennes.

Les garderies

Les garderies qui accueillent plus de 6 enfants (âgés de 5 ans et moins) sont régies par le ministère de la Famille et des Aînés pour les garderies. La plupart sont des organismes à but non lucratif. Ce qui ne veut pas dire que placer ses enfants en garderie est bon marché. Les prix sont fréquemment de 30 dollars par jour et plus, ce qui, pour une famille modeste de deux enfants, peut souvent engloutir un salaire! Une partie importante des frais de garderie sont toutefois remboursés par l'État, mais il faut cependant être capable d'avancer des sommes importantes chaque mois. Le gouvernement a toutefois créé dans les années 1990 des places de garderies à 5 dollars par jour, qui sont par la suite devenues des places à 7 dollars. Malgré cela, le Québec manque toujours de places de garderies. Certains parents devront parfois inscrire leur enfant sur une liste d'attente et ce même avant sa naissance, ce qui, selon certains, aurait des conséquences sur la natalité, en deçà du taux renouvellement des générations. Il existe plusieurs types de garderies encadrées par l'État : des garderies classiques privées subventionnées (elles peuvent accueillir jusqu'à 80 bambins) et des garderies en milieu familial (qui peuvent accueillir de 6 à 9 enfants). D'autres installations privées, non subventionnées, peuvent choisir librement leurs tarifs. Ce sont ces dernières qui affichent fréquemment des prix de 30 $ par jour. Les écoliers ont, au besoin, accès à un service de garde subventionné de 7 $ par jour, avant et après l'école, ainsi que le midi.

Les services aux handicapés

Les Québécois ont mis en place un système qui n'oublie pas les handicapés dans la vie quotidienne. Contrairement aux grandes villes de l'Europe francophone ou d'Afrique du Nord où le handicapé semble parfois un indésirable, les habitants de la Belle Province ont su accorder aux «personnes à mobilité réduite» un espace dans la vie de tous les jours. Presque tous les lieux publics et privés sont accessibles aux handicapés.

Le système d'éducation

Le système d'éducation québécois n'est ni européen ni pleinement américain. Il a, tant en ce qui concerne l'enseignement que les structures, un côté unique. C'est le cas par exemple avec les collèges d'enseignement général et professionnel (cégeps), des institutions scolaires situées entre l'enseignement secondaire et universitaire. Côté pédagogie, les professeurs de la Belle Province offrent, à tous niveaux, un enseignement moins formel qu'en Europe.

Les différents stades de la scolarité

Exception faite des cégeps, la scolarité au Québec, dans les écoles primaires et secondaires, est proche des grands standards européens. L'école est obligatoire de l'âge de 6 ans jusqu'à 16 ans. L'essentiel des études supérieures s'effectue au travers d'universités, coûteuses au regard de l'Europe francophone, plutôt que d'écoles. Elles sont toutefois les moins chères de toute l'Amérique du Nord.

La pré-maternelle et la maternelle

Contrairement à toutes les autres étapes de la scolarité, aller à la pré-maternelle (4 à 5 ans) et à la maternelle (5 à 6 ans) est facultatif. Si la pré-maternelle est peu fréquentée et se trouve souvent hors des écoles, la maternelle (niveau préscolaire) se fait dans l'école primaire et 98% des enfants entre 5 et 6 ans la fréquentent.

L'école primaire

Les élèves vont à l'école primaire durant six années. Ils y apprennent à lire, ainsi que les bases des mathématiques. Les petits Québécois s'initient aussi à l'anglais dès l'école primaire. Tout comme l'école maternelle et secondaire, l'école primaire est gratuite.

Le niveau secondaire

Les études secondaires durent cinq années pour ceux qui continueront dans un cégep. Au terme de leurs études, les élèves reçoivent un diplôme d'études secondaires. Les étudiants qui préfèrent se diriger vers une formation professionnelle courte peuvent choisir une telle orientation dès la troisième année du secondaire.

Les études professionnelles

Les études professionnelles commencent, selon les cas, entre la troisième et la cinquième année d'études secondaires et conduisent à un diplôme d'études professionnelles (DEP), une formation que l'élève suivra pendant 1 350 heures. Les études professionnelles sont populaires chez les garçons, et elles mènent souvent à des métiers rémunérateurs.

La lutte contre l'échec scolaire

Les Québécois ont développé plusieurs programmes pour lutter contre l'échec scolaire. « *Le calque a ses limites. On ne peut pas transposer un modèle québécois en France sans tenir compte du contexte local* », confie Gérald Boutin, professeur en sciences de l'éducation à l'Université du Québec à Montréal. Ce chercheur balaie un mythe. Le taux d'échecs scolaires est élevé dans la Belle Province. Environ 35% des élèves, majoritairement des garçons, abandonneraient l'école avant la fin de l'enseignement secondaire. Les Québécois ont pourtant multiplié les initiatives pour lutter contre ce qu'on appelle au Québec le décrochage. Parmi celles-ci, certaines classes spéciales composées uniquement de garçons. Des écoles ont misé sur le tout informatique en distribuant un ordinateur portable à chaque élève, comme cet établissement de Verdun (un arrondissement de Montréal), où le taux de décrochage a fortement diminué. Parmi les points positifs, Gérald Boutin souligne que « *les relations interpersonnelles sont moins hiérarchisées au Québec. La relation entre le maître et l'élève est plus simple* », avant de poursuivre : « *Il y a un goût de l'engagement, l'emballement pour ce qui est nouveau avec une certaine capacité à se remettre en cause.* »

Paru initialement dans *Le Figaro* – 10 mars 2001.

Les cégeps, un système unique

Les collèges d'enseignement général et professionnel (cégeps) sont la première étape des études supérieures. Ces établissements sont soit publics, soit privés. Selon la filière choisie, l'enseignement choisi dure deux ans (études générales qui préparent à l'université) ou trois ans (études professionnelles). Le diplôme d'études collégiales (DEC) permet donc d'entrer à l'université ou de rejoindre le monde du travail grâce à une formation technique. Il est aussi possible d'obtenir une simple attestation d'études collégiales (AEC) par une formation plus courte.

L'enseignement universitaire

En ce qui concerne les diplômes, les études universitaires québécoises sont proches de l'Europe. Les trois premières années sont consacrées à l'obtention d'un baccalauréat (l'équivalent de la licence en Europe) de 90 crédits (un crédit correspond à 45 heures de cours ou de travaux pratiques).

Les baccalauréats peuvent ne porter que sur un champ d'études. C'est par exemple le cas pour le baccalauréat en biologie. C'est alors un bac spécialisé. Ce baccalauréat peut aussi porter sur une composante principale et une secondaire. C'est ce que l'on appelle le baccalauréat avec majeure et mineure. Par exemple, un bac en arts pourra comprendre une majeure en histoire théâtrale (60 crédits) et une mineure en histoire (30 crédits).

Le baccalauréat général, lui, compte trois certificats de 30 crédits. La maîtrise s'effectue généralement en deux ans avec ou sans mémoire de recherche. Elle comporte 45 crédits. Enfin, le doctorat dure au moins trois années. Il compte 45 crédits.

Les universités

Les universités québécoises sont récentes : la plus ancienne université francophone du Québec, l'Université Laval à Québec, a été créée en 1852. Les universités francophones ont connu un boom dans la foulée de la Révolution tranquille. L'Université du Québec (UQ), créée en 1968, accueille aujourd'hui 86 000 étudiants dans l'ensemble de la province. L'UQ a créé des antennes dans 6 villes et régions (Montréal, Trois-Rivières, Rimouski, Saguenay, Abitibi-Témiscamingue, Outaouais), ainsi que deux écoles et un institut de recherche. Montréal dispose de deux universités anglophones (McGill et Concordia) et de deux universités francophones (UQAM et Université de Montréal). Il existe également l'Université de Sherbrooke dans la ville du même nom et celle de Bishop's à Lennoxville.

Le contexte universitaire

Le coût des études est beaucoup plus élevé qu'en Europe, mais le matériel et les locaux mis à la disposition des élèves sont de bien meilleure qualité. De plus, les campus sont de véritables entreprises avec leurs restaurants, leurs centres sportifs,

Conciliation travail-études, l'exemple québécois

Selon une étude de l'Université du Québec, plus de la moitié des élèves âgés de 15 et 16 ans travaillent en moyenne 11 heures par semaine. À l'Université du Québec à Chicoutimi (UQAC), c'est plus de deux étudiants sur trois qui travaillent. Dans certains établissements universitaires, ce taux atteint 80%. «*Plusieurs étudiants le font par nécessité, pour payer les frais de scolarité, de transport, de logement, de repas. À l'UQAC, 64% des étudiants qui travaillent jugent leur revenu d'emploi indispensable à la poursuite de leurs études*», révèle une étude de l'Université du Québec, avant de poursuivre, contre toute attente : «*Beaucoup de jeunes qui ont un travail rémunéré réussissent leurs études.*» Il reste cependant que, passé un certain seuil, le travail en dehors des études peut avoir des conséquences négatives. L'Agence de développement des ressources humaines du Canada a remarqué que le taux d'échecs des étudiants qui travaillaient plus de 30 heures par semaine augmentait.

Paru initialement dans *La Voix du Luxembourg* – septembre 2006.

Les étudiants-rois du Québec

Au Québec, les universités sont des entreprises où l'étudiant est un client exigeant. «*Les étudiants voudraient tout négocier. Ils veulent moins de travail à faire et obtenir des notes plus élevées*», confie un chargé de cours dans une université québécoise. L'enseignant explique que les élèves connaissent leurs droits et les revendiquent. À la fin d'un cours, l'étudiant tente de négocier sa note. Interrogé lors de son exil au Québec, le professeur Alain Juppé avait confié, un brin énigmatique, qu'au début de son enseignement, les étudiants jugeaient qu'il était sévère, mais que les choses s'étaient arrangées par la suite. Dans la Belle Province, les études coûtent plusieurs milliers de dollars par an. Les étudiants s'endettent pour de nombreuses années. Pour attirer des élèves, les universités doivent afficher des taux de réussite élevés. En 2000, selon le ministère de l'Éducation du Québec, 73,6% des étudiants ayant commencé des études universitaires obtenaient leur diplôme! Le chargé de cours conclut : «*L'étudiant se veut un consommateur averti qui doit obtenir facilement satisfaction.*»

Paru initialement dans *Challenges* – octobre 2007.

leurs boutiques, où les emplois sont réservés aux étudiants, ce qui les aide à payer leurs études.

La pédagogie

Dire que les professeurs québécois sont généralement plus pédagogues que leurs confrères européens n'est pas un vain mot. Les enseignants misent sur l'accompagnement pédagogique. Ils favorisent le travail de groupe et le développement de l'expression orale. Le cours magistral à la française où l'élève doit écouter bouche bée un professeur n'a guère sa place au Québec.

La formation continue

En général, la formation continue est financièrement plus accessible qu'en Europe. Il existe de très nombreuses formations, de courte ou de longue durée, dont les prix sont très raisonnables. Les Québécois se forment à tous les âges. C'est peut-être parce qu'ils changent plus souvent d'entreprises et de professions que les Européens. C'est aussi parce que les institutions d'enseignements proposent des programmes très flexibles qui permettent de rester en activité professionnelle tout en poursuivant des études. Les travailleurs n'hésitent pas à suivre une formation à quelques années de prendre leur retraite si cela peut leur permettre de progresser.

La notation

Les professeurs québécois décernent des notes assez élevées à leurs élèves. Là où un élève européen obtiendrait 14/20, l'étudiant québécois décrochera 90/100. Cela constitue un problème pour les étudiants européens qui font évaluer leurs diplômes pour entrer dans une université québécoise. Ils sont alors perçus comme de mauvais élèves, alors qu'ironiquement la sélection est plus souple dans les universités québécoises.

Les commissions scolaires

Les commissions scolaires administrent les écoles primaires et secondaires sur un territoire donné. Bien que chargées de déterminer des mandats éducatifs, ces commissions relèvent du ministère de l'Éducation. La très large majorité des commissions scolaires sont francophones. Les autres sont anglophones ou autochtones. Jusque dans les années 1990, les commissions scolaires étaient religieuses, un reliquat de la Constitution de 1867 dont il a fallu obtenir un amendement voté par le Parlement canadien.

Coût de la scolarité

La scolarité est gratuite à l'école primaire et secondaire. Par la suite, le cégep puis l'université sont payants. Si les frais de scolarité sont peu élevés au Québec au regard du reste de l'Amérique du Nord, ils sont en revanche très élevés si on les compare aux universités françaises ou belges. Les frais de scolarité augmentent chaque année. Si les étudiants s'en plaignent et sont souvent obligés de s'endetter pour étudier, ils manifestent relativement peu contre ces augmentations.

Les étudiants étrangers au Québec

Le Québec a passé de très nombreux accords avec la France depuis une quarantaine d'années et plus récemment avec la Belgique et la Suisse. Les étudiants de ces pays peuvent, selon certaines conditions, suivre des études au même coût que les étudiants québécois. Il n'en reste pas moins que faire des études au Québec n'est pas accessible aux démunis. Outre les visas, billets d'avion, il faut ajouter le séjour sur place. Le ministère de l'Immigration du Québec évalue les frais de subsistance d'un étudiant pour une année à 11 000 $. À la rentrée 2010, plus de 8 500 Français étudiaient dans les universités du Québec, un chiffre en forte hausse depuis quelques années.

Le logement

Se loger dans la Belle Province a longtemps été chose abordable, tant à Montréal qu'à Québec, pour un Européen francophone. Qu'il s'agisse de l'achat d'un appartement ou d'une location. Depuis le

Le quotidien

2

début des années 2000, les prix de l'immobilier ont beaucoup grimpé. En 2011, Montréal a officiellement perdu son statut de ville abordable. Si les locataires sont heureusement protégés par une puissante Régie du logement contre les augmentations abusives, les loyers élevés sont cependant de plus en plus fréquents.

La Régie du logement

Créée en 1951 (elle s'appelait alors la Commission des loyers), la Régie du logement porte son nom actuel depuis 1971. C'est un tribunal spécialisé dont le rôle est de trancher les litiges entre les locataires et les propriétaires. La Régie, dont l'un des rôles est de protéger les droits des locataires, a vu son existence contestée jusqu'en Cour suprême par des associations de propriétaires. Sans succès. Outre son mandat de juge, ce tribunal a aussi un rôle informatif auprès des citoyens pour tout ce qui a trait au logement.

Les déménagements du 1er juillet

Chaque premier juillet, des centaines de milliers de Québécois déménagent. Cette date correspond au début des baux. C'est aussi un jour férié, celui de la fête du Canada. Les rues des villes du Québec se remplissent alors de camions de déménagement, de pick-up chargés de meubles parfois hétéroclites. Lors de cet étrange remue-ménage, les déménageurs profitent de la demande pour augmenter leurs prix.

Les types de logements

Appartements, maisons, habitations à loyer modique, bref, le Québec dispose à peu près du même type de logements que l'Europe. Il existe en outre de nombreuses coopératives d'habitation. Dans ces coops, les membres, en échange d'un loyer réduit, effectuent de menus travaux dans l'immeuble (jardinage, peinture, nettoyage, etc.). Si les types de logements sont proches du Vieux Continent, ce sont les surfaces, souvent plus vastes, et la façon de les nommer, qui diffèrent. Les appartements se déclinent en 1½, 2½, 3½, etc. Le chiffre détermine le nombre de pièces et la fraction, la salle de bain. Enfin, les Québécois mesurent généralement les surfaces en pieds carrés et non en mètres carrés, même si le système métrique est officiellement en vigueur au Canada depuis les années 1970 (1 mètre carré = 10,7 pieds carrés).

La location

Les baux durent généralement une année. Ils s'échelonnent traditionnellement du 1er juillet au 30 juin de l'année suivante. En ce qui concerne les loyers, Montréal a longtemps été le paradis du locataire. À l'exception de quelques rares quartiers où les tarifs demeurent bas pour une grande ville, ce n'est plus vrai depuis quelques années. Le prix des loyers a souvent doublé dans les principaux quartiers du centre-ville montréalais. C'est aussi vrai à Québec et un peu moins dans les régions.

La colocation

Le partage des commodités et du loyer d'un appartement est fréquemment pratiqué par les Québécois. La colocation est à la mode chez les étudiants, mais aussi chez les gens à revenus modestes qui ne peuvent pas se payer un logement seuls.

Le marché immobilier

Depuis l'an 2000, les prix de l'immobilier, résidentiel ou commercial, ne cessent d'atteindre des sommets, tant à Québec qu'à Montréal. Malgré ces hausses, le prix de l'immobilier montréalais demeure très en deçà de celui des deux autres grandes villes canadiennes, Toronto et Vancouver. L'immobilier dans la plus grande ville francophone des Amériques est encore accessible aux portefeuilles européens.

L'accession à la propriété

Accéder à une propriété dès les premiers mois d'arrivée au Québec est déconseillé. Il est important de bien connaître le marché, mais aussi les us et coutumes de ce dernier et les conditions d'emprunt. Par la suite, l'accession à la propriété est assez aisée. Nombre de ménages ne disposent que de 5% du capital, et ils empruntent le reste!

Le chauffage

Les Québécois utilisent trois modes de chauffage: l'électricité, le gaz et le mazout. Le plus populaire est l'électricité du géant Hydro-Québec, fierté nationale avec ses barrages hydroélectriques qui produisent de l'énergie à faible coût. Viennent ensuite le gaz naturel de l'entreprise Gaz Métropolitain, puis le mazout. Les grands froids obligent à bien se renseigner sur le type de chauffage d'un logement avant de le choisir, d'autant plus que l'isolation n'est paradoxalement pas toujours au rendez-vous dans les habitations québécoises.

2

Les transports

Les transports collectifs québécois ne sont aucunement aussi développés qu'en Europe. Si l'étendue de la province et une faible densité de population en sont en partie responsables, l'*American way of life* où la voiture est élevée au rang de reine y est aussi pour quelque chose.

L'automobile

À l'instar de toute l'Amérique du Nord, l'automobile est reine au Québec, particulièrement dès que l'on quitte Montréal. Le système de transports en commun est souvent inexistant ou peu efficace dans les petites villes et les campagnes et la voiture devient indispensable. C'est aussi un mode de vie. Dans de nombreuses banlieues et petites villes, il n'y a d'ailleurs parfois pas de trottoirs, ce qui étonne toujours le visiteur européen.

Assurance et permis de conduire

La Société de l'assurance automobile du Québec (SAAQ) gère un régime public qui administre l'indemnisation en cas de blessure (physique ou psychologique) subie lors d'un accident de voiture. Les accidents matériels sont pris en charge par des assurances privées auxquelles souscrit l'automobiliste. Celui-ci doit posséder un permis de conduire et payer des frais annuels au gouvernement pour qu'il demeure valide. Tous les 4 ans, le permis est renouvelé. De nombreux pays, dont la France, la Belgique et la Suisse, ont passé des accords avec le Québec pour que les immigrants puissent échanger leur permis de conduire contre un permis québécois.

Les taxis

Malgré des augmentations dues à la hausse des prix du carburant, le taxi demeure un véritable bonheur tant à Montréal qu'à Québec pour un usager européen. Les prix sont raisonnables. Le vaste parc de taxis rend ce moyen de transport très accessible. De plus, les chauffeurs ne rechignent jamais à prendre un client pour une petite course et on en trouve à toute heure du jour. Hors du centre-ville, il vaut mieux téléphoner pour commander son taxi. Contrairement aux taxis parisiens, le compteur ne commence à tourner que lorsque le passager monte à bord du taxi et non lorsque le taxi quitte sa station suite à la réception de l'appel.

Les autobus et les autocars

Les grandes villes québécoises, contrairement aux plus petites municipalités, disposent d'un réseau d'autobus tout à fait acceptable. Entre les villes, l'autocar joue le même rôle que le train sur le Vieux Continent. C'est le moyen le plus facile pour se rendre d'une ville à l'autre. À Montréal, il y a des départs pour les grandes villes plusieurs fois par jour. L'autocar est au Québec le seul véritable moyen de transport public pour se rendre dans les communautés isolées.

Le métro

Le métro de Montréal relie la plupart des quartiers de la ville. Il s'agit cependant d'un métro modeste, tant en termes de fréquence de passages que de nombre de stations, puisque l'on ne trouve pas plus de stations de métro à Montréal qu'à Lyon, une ville beaucoup moins étendue et moins peuplée.

Le train

Quelques grandes lignes relient les principales villes de la province, mais le train demeure un moyen de transport marginal. D'une part, parce qu'il est très lent. Il faut trois heures pour relier Montréal à Québec, soit 90 km/h de moyenne! D'autre part, les départs ne sont

Le quotidien

2

pas très fréquents. Le train n'est pas très fiable. Il peut accuser d'importants retards, notamment l'hiver lorsqu'il y a des tempêtes de neige. Enfin, c'est un moyen de transport assez onéreux.

Des trains relient Montréal aux villes de banlieue, mais là encore ce réseau ne fonctionne souvent que quelques heures par jour, lorsque les banlieusards vont au travail et en reviennent.

L'avion

À l'intérieur du Québec, l'avion est cher. Il n'est véritablement utilisé que par les habitants de communautés éloignées inaccessibles par la route ou par les gens d'affaires. Pour les vols internationaux, les principaux aéroports sont l'aéroport Montréal-Trudeau et l'aéroport Jean-Lesage à Québec.

Les Bixi

Depuis 2009, Montréal s'est entiché du vélo libre-service tel qu'il existe en Europe. Ce système, que l'on ne trouve pour l'instant qu'à Montréal et à Gatineau, s'appelle le Bixi. Moyennant un abonnement annuel de 78 $, les adhérents peuvent se promener avec ces bicyclettes en libre-service. On trouve des bornes un peu partout dans la partie centrale de la ville.

La bicyclette

Les Québécois aiment la bicyclette. Ce phénomène se confirme au fil des ans, principalement à Montréal. Selon l'étude *L'état du vélo au*

Québec, réalisée tous les 5 ans par l'organisme Vélo Québec et publiée à la mi-2011, plus de 2 millions de Québécois ont enfourché leur vélo au moins une fois par semaine en 2010. On compte 750 bicyclettes pour 1 000 habitants dans la Belle Province, moins qu'en Hollande (1 125), mais beaucoup plus qu'en France (228). Environ 37% des cyclistes québécois utilisent leur deux-roues comme moyen de transport, plus que comme divertissement. Ces chiffres en forte hausse depuis 5 ans s'accompagnent d'une expansion du réseau de pistes cyclables qui atteint désormais 9 000 km. Quelques irréductibles font même du vélo l'hiver.

Les infrastructures routières

Le Québec dispose d'un vaste réseau routier. Malheureusement, celui-ci est en piètre état. Les causes du mauvais état des routes sont souvent évoquées autant par la population que par les médias. D'aucuns avancent les conditions climatiques difficiles, d'autres la mauvaise qualité des matériaux utilisés, des cahiers des charges trop légers, le manque de contrôle des camions trop chargés, voire la corruption. Le bon état des routes au Nouveau-Brunswick ou en Ontario, où les conditions climatiques sont sensiblement semblables à celles du Québec, fait pencher pour les dernières causes énumérées précédemment.

Les moyens de communication et de diffusion

À la fine pointe de la technologie téléphonique dans les années 1970 et 1980 et de l'Internet dans les années 1990, le Québec s'est largement fait distancer par l'Europe dans ces domaines, tant en ce qui concerne les coûts que les performances des réseaux. Par contre, le service y est très fiable.

La téléphonie fixe et cellulaire

Selon Statistique Canada, les ménages québécois ont consacré, en 2009, 620 $ à leurs dépenses de téléphonie cellulaire, un chiffre en hausse de 13% par rapport à l'année précédente. Pour la première fois cette année-là, les dépenses liées à la téléphonie traditionnelle ont été moins importantes que la téléphonie portable. Toutefois, les habitants de la Belle Province utilisent encore peu les téléphones cellulaires, si l'on compare les chiffres à l'Europe. Un peu moins de 80% des ménages ont déclaré avoir un téléphone mobile. S'il n'existe pas de raisons à cet état de fait, le Canada est régulièrement épinglé par l'OCDE pour les coûts élevés de ses communications et leurs faibles performances. Il reste qu'au-delà des monopoles, l'étendue du territoire pose de sérieux problèmes de couverture du réseau.

Internet

En 2009, 77% des habitants ont dit disposer d'Internet à la maison, dont 72% d'une connexion à large bande. Aux tout débuts du Net grand public, les Québécois, utilisateurs assidus, furent des pionniers, alors que les Européens doutaient encore du bien-fondé de l'Internet. Puis au tournant des années 2000, l'Europe a rattrapé son retard et dépassé le Québec tant pour l'utilisation des réseaux que pour la modicité des coûts. Car au Québec, l'Internet est cher, très cher. L'explication vient d'une quasi-absence de concurrence avec deux grands joueurs, Bell et Vidéotron. Le prix d'un abonnement au seul Internet haute vitesse est celui d'un forfait téléphone fixe illimité Internet-télévision en France. Seule consolation, les pannes de réseau sont plus rares qu'en France.

La télévision

Le réseau télévisé québécois est soit gratuit, soit payant. Le service de base gratuit est généraliste. Il ne propose que quelques chaînes publiques (Radio-Canada, Canadian Broadcasting Corporation, Télé-Québec) et privées (comme par exemple TVA, CTV, Global et V, selon les régions). On y retrouve entre autres des émissions de variétés extrêmement légères et des jeux tout aussi légers. C'est comparable à ce que l'on trouve

2

dans l'Hexagone, avec encore plus de coupures publicitaires, toutefois. Le second réseau est constitué de chaînes payantes, souvent spécialisées. Elles offrent quant à elles aux téléspectateurs des thématiques sportives, historiques, animalières et du cinéma.

Les téléromans

Les Québécois, à l'inverse des Canadiens anglais, regardent peu les séries américaines. Ils ont créé leurs propres feuilletons, les téléromans, qui passionnent les ménages à l'heure du dîner et en soirée. Ces feuilletons, qui racontent la vie de tous les jours des Québécois, peuvent constituer un bon moyen de s'initier à leur réalité et à leurs préoccupations.

La radio

Les Québécois ont le choix pour ce qui est des radios. Il y a d'une part les radios publiques comme Radio-Canada ou la Canadian Broadcasting Corporation dont les grandes émissions abordent tous les thèmes. D'autres radios sont thématiques : jazz, musique du monde, classique... Le Québec a aussi son lot de radios commerciales. Les animateurs y parlent de tout et de rien. Les nombreuses radios communautaires, elles, retransmettent les informations des différentes communautés ethnoculturelles ou étudiantes.

La justice

La justice québécoise combine un savant mélange de droit britannique et français. Les Québécois sont très respectueux d'un droit qui sanctionne le moindre écart. La délinquance, tant sur les biens que sur les personnes, demeure bien faible au regard de ce que l'on trouve en Europe.

Les particularités du système juridique québécois

La justice québécoise est un mélange de droit anglais et de droit français. Ce qui peut être très déroutant au départ pour des Européens francophones puisque l'oral a, dans la Belle Province, une valeur juridique, au moins égale à celle de l'écrit. C'est pourquoi il est important de toujours bien mesurer ce que l'on dit, car l'oral peut être un engagement. Une phrase lancée à l'emporte-pièce peut attirer des ennuis considérables. Les amendes et dédommagements demandés sont parfois colossaux. La plupart des poursuites se soldent par des arrangements hors cours où une partie se satisfait d'un montant d'argent négocié.

Une province sécuritaire comparativement à l'Europe francophone

Bien que situé en Amérique du Nord et accolé aux États-Unis, le Québec n'est en rien similaire à son grand voisin pour ce qui a trait à la violence et à la sécurité des personnes. La Belle Province est extrêmement calme. Les quartiers dits chauds de Montréal sont incroyablement paisibles au regard de ce que l'on peut trouver dans les grandes et moyennes villes d'Europe francophone.

La protection du consommateur

Il existe au Québec un Office de la Protection du Consommateur. Son site web *www.opc.gouv.qc.ca* permet de mieux comprendre la législation québécoise et d'éventuellement connaître ses recours.

L'immigration

Chaque année, des milliers d'Européens s'installent au Québec. Selon les statistiques du MICC (ministère de l'Immigration et des Communautés culturelles du Québec, Direction de la recherche et de l'analyse prospective, 2010), la France a été le troisième pays de provenance des immigrants en 2010 avec 3 835. Le Maroc s'est alors classé au premier rang avec 5 654 et l'Algérie au deuxième avec plus de 4 000.

Les statistiques de 2006 (recensement) sur la population immigrée par continent identifient l'Europe à 36%, l'Asie à 27%, l'Amérique à 21,8% et l'Afrique à 14,6%.

Le contexte de l'immigration et des visas

Le Québec accueille chaque année une quarantaine de milliers d'immigrants (ce chiffre a même atteint plus de 50 000 au cours des dernières années, mais il devrait être réduit dans les années à venir). Sur la décennie 2000-2010, les Français et les Algériens ont été les plus nombreux à immigrer. Les principaux autres ressortissants sont marocains, haïtiens ou chinois. Si le Québec cherche avant tout des immigrants francophones ou francophiles pour maintenir le fait français dans la province, au cours de la période 2006-2010, seuls 15% des immigrants avaient le français pour langue maternelle. Le Québec abrite environ 120 000 ressortissants de l'Hexagone, 11 000 Suisses et une quinzaine de milliers de Belges. Avant de pouvoir travailler ou étudier au Québec (au Canada, en fait), il faut obtenir un visa. Il en existe trois grandes catégories (voir l'encadré à la page 60) : les visas temporaires, les visas de résidents permanents et

Les différents types de visas et leur coût au 1er janvier 2012

Temporaires

Programme vacances travail (délivré par l'ambassade du Canada):

110 euros (les tarifs du ministère sont maintenant en euros pour ce visa)

Travailleur temporaire

Certificat d'acceptation du Québec (CAQ) pour travail temporaire 182 $ + Permis de travail (délivré par l'ambassade du Canada) 150 $

Permanent

Visa de résident permanent (certificat de sélection du Québec: 406 $ + droit de résidence permanente à 490 $ + résidence permanente à 550 $ + visite médicale en Europe agréée par le Canada à 120 euros environ)

Étudiant

Certificat d'acceptation du Québec (CAQ) pour études 104 $ + Permis d'études au Québec (délivré par l'ambassade du Canada) 125 $

demander la nationalité canadienne après quelques années. Le visa d'étudiant permet d'étudier et de travailler sous certaines conditions.

Une immigration planifiée

Le Québec est maître d'une partie de son immigration, mais la décision finale d'octroi d'un visa revient au gouvernement fédéral. Les autorités provinciales et fédérales planifient l'immigration. Pour obtenir un visa de résident permanent, il faut entrer dans l'une des quatre catégories suivantes : les travailleurs qualifiés, les investisseurs, les réfugiés et le regroupement familial. Plus de la moitié des immigrants choisis sont des travailleurs qualifiés. Ce sont ces derniers que les autorités québécoises recherchent. Tout au long de l'année, les agents de la Délégation du Québec à l'étranger organisent des conférences en France, en Belgique et en Suisse afin d'inviter les immigrants éventuels de venir s'établir dans la Belle Province.

Les démarches d'immigration

Les démarches d'immigration doivent s'effectuer auprès d'une délégation du Québec à l'étranger (toutefois, les étudiants et les travailleurs avec un visa de travail temporaire peuvent entreprendre leur demande d'immigration au Québec). Avant de pouvoir s'installer au Canada, les immigrants doivent obtenir un certificat de sélection du Québec (CSQ) et par la suite un visa canadien d'immi-

les visas d'étudiants. Les premiers permettent de travailler pendant une période donnée et ils sont souvent très restrictifs. Le visa de résident permanent donne la possibilité d'immigrer au Québec, puis de gration. C'est le Québec qui évalue les dossiers en fonction d'une grille basée sur les besoins du marché de travail, la capacité du candidat à se trouver un emploi et sa formation. Officiellement, tous les immigrants francophones sont traités à la même enseigne pourvu qu'ils soient diplômés, qu'ils aient moins de 40 ans, que leur profession soit en demande et que leur capacité d'intégration soit jugée bonne. La procédure dure environ un an pour les Français. Les Maghrébins ou les Africains doivent souvent attendre plusieurs années. Selon les statistiques du ministère de l'Immigration et des Communautés culturelles, si 80% des demandes françaises sont réglées en 15 mois, il faut compter 34 mois à Nairobi et 66 mois à New Delhi. Au début des années 1990, les candidats à une nouvelle vie au Canada obtenaient leur visa de résident permanent en trois ou quatre mois. Mais depuis ce temps, l'immigration au Québec est passée de 20 000 personnes à plus de 50 000 par année et les exigences de sécurité vérifiées par le fédéral sont devenues beaucoup plus strictes. En 2012, il en coûte 406 $ par personne pour une demande de certificat de sélection du Québec, et il faut compter près de 900 $ pour un examen médical et l'obtention du visa. Outre ces frais, l'immigrant doit disposer minimalement d'une somme d'argent équivalant à trois mois d'aide sociale accordée par le gouvernement du Québec, soit environ 2 500 $.

Une fois sur place

Au Québec, l'immigration est une longue tradition. Pourtant, le processus pour immigrer dans la Belle Province est long et pavé d'incertitudes. Arrivés au Québec, certains immigrants se plaignent de découvrir une autre nation que celle que les services québécois de l'immigration leur avaient vantée dans leur pays d'origine. Les désillusions sont parfois fortes au point de convaincre certains d'entre eux de retourner dans leur pays d'origine. Parmi les causes de retour évoquées, il y a le «racisme des Québécois» (voir paragraphe plus loin) et la «difficulté de voir sa compétence professionnelle reconnue».

Le métissage

Longtemps blanche et catholique, la société québécoise est de plus en plus ouverte au métissage. Certes, ce dernier demeure encore minoritaire et il ne se retrouve le plus souvent qu'à Montréal. S'il est difficile de mesurer le nombre de couples mixtes, l'Institut de la statistique du Québec révèle toutefois que ces derniers représentent 29% des mariages célébrés dans la Belle Province: les Québécois se marient principalement avec des Marocains, des Libanais, des Haïtiens et des Mexicains. Ces données sont à prendre avec des pincettes, puisqu'elles ne tiennent pas compte de l'union libre.

Le quotidien

2

Le racisme

Voilà un sujet bien délicat que le racisme. Le Québec n'y échappe pas. Les Québécois aiment jouer sur les mots et préfèrent souvent parler de «xénophobie» alors que, dans les médias, le mot «racisme» est fréquemment employé. Le politiquement correct joue le rôle de garde-fou et empêche toutefois les habitants de la Belle Province d'être ouvertement racistes dans la rue. Un sondage Léger Marketing mené en 2007 révélait pourtant que 59% des Québécois se disaient racistes. C'est aussi cette année-là, lors de l'affaire dite des «accommodements raisonnables» (voir paragraphe à ce sujet au chapitre 1), que la société québécoise a montré une tout autre image que la tolérance dont elle fait montre d'ordinaire. Un tiers des Québécois ont voté pour l'Action démocratique du Québec, un parti populiste de droite dont une partie du programme politique reposait sur la stigmatisation de l'immigrant et des communautés ethniques. Si depuis les choses se sont tassées, au Québec, l'immigrant, même devenu citoyen canadien, reste toute sa vie un étranger. Contrairement aux Canadiens anglais qui considèrent plus facilement les immigrants

Le quotidien

2

Le chemin de croix des Maghrébins au Québec

«*Un ingénieur algérien, au Québec depuis trois ans, dont le titre est reconnu par l'Ordre des ingénieurs, n'a toujours pas trouvé d'emploi, alors que les besoins en ingénieurs sont relativement importants*», explique le directeur de l'AMPE-CITI (un organisme d'aide aux immigrants francophones), Yann Hairaud. Au-delà de la non-reconnaissance de certains diplômes et des handicaps liés à la découverte d'une terre d'accueil, le racisme est bien présent. Une récente enquête de Statistique Canada, issue du recensement de 2006, révèle qu'alors que le taux de chômage chez les Québécois de souche était cette année-là de 7%, il était de 27,9% chez les immigrants maghrébins arrivés depuis moins de cinq ans au Québec. Les immigrants européens connaissent un taux de chômage de 13,4%. Selon une étude de l'Université Concordia de Montréal sur «la discrimination au Québec», voici l'explication: «*Les gestionnaires de l'administration québécoise ont tendance à privilégier les candidats qui partagent les mêmes repères culturels et linguistiques qu'eux... à favoriser les candidatures des Québécois de souche.*» Un ingénieur agronome marocain, Kamal El Batal, a gagné récemment un procès contre la Coopérative fédérée agricole du Québec. En adressant son CV à l'entreprise, il n'a pas obtenu de réponse, mais en changeant son nom pour «Marc Tremblay», sa candidature a été retenue.

Paru initialement dans *Entreprise et Carrières* – août 2009.

comme des Canadiens, les Québécois les considèrent presque toujours comme des étrangers. Le plus grand malentendu est probablement avec les Français, qui, bercés par les déclarations d'amour des chanteurs et artistes québécois en France, croient que les Québécois les aiment. Ce n'est pas toujours le cas au quotidien. Certains habitants de la Belle Province reprochent aux Français leur accent, leur arrogance et le fait que Louis XV a abandonné la Nouvelle-France! D'aucuns expliquent aussi ce «rejet» des Français par la tendance qu'ont ces derniers à faire un peu trop souvent la leçon aux Québécois ou à leur dire qu'en «France, les choses sont différentes» (sous-entendu «meilleures»).

Au-delà des anecdotes, il faut dire que, au Québec comme en France, trouver un boulot relève autant des compétences que de son réseau de relations et de son vécu. Il est évident qu'un Québécois aura de la difficulté à trouver du travail en France, car son réseau n'est pas aussi développé. De même, lors de l'entretien d'embauche (qu'on appelle d'ailleurs «entrevue» au Québec), le Québécois en France montrera de plusieurs façons son manque d'intégration à la société française et donc la difficulté qu'il pourra avoir à exécuter son travail. La réciproque est vraie au Québec. Le racisme a bon dos, mais il est des réalités implacables qu'on ne peut pas changer, comme son réseau de relations et son vécu.

Les sports et les jeux

Au Québec, le sport roi est le hockey sur glace, mais il perd de plus en plus de terrain chez les jeunes au profit du soccer (football européen). Plus qu'un sport, le hockey est une véritable religion, avec laquelle les médias font souvent leur une aux dépens des grands évènements de la planète. À l'instar du football, la bicyclette compte de plus en plus d'adeptes, des passionnés, mais aussi des utilisateurs de vélos en libre-service. Enfin, l'hiver, les Québécois n'oublient pas de profiter sportivement de la neige et du froid.

La religion hockey

«*Au Québec, le hockey est non seulement le sport le plus populaire, mais aussi un trait culturel, une source d'imaginaire*», a écrit le chroniqueur sportif du quotidien *Le Devoir*, Jean Dion, dans l'ouvrage *Québec, espace et sentiment*. Après un hommage au hockey, Jean Dion se lance dans une longue tirade sur le déclin du sport national. Le hockey occupe les médias jusqu'à plus soif. Il fait souvent la une alors qu'il se passe d'autres choses importantes sur la scène nationale ou internationale. Longtemps sport roi dans tous

2

Montréal est hockey

Depuis que l'équipe du Canadien de Montréal est qualifiée pour les séries éliminatoires de la Ligue nationale de hockey (NHL), la métropole québécoise vibre au rythme du hockey. Le Québec rêve de la coupe Stanley. « *J'ai payé 250 $ pour un billet et c'est une bonne affaire* », lançait cet admirateur du Canadien, à quelques heures du premier match des séries éliminatoires. Un autre avouait avoir déboursé 800 $. Comme des milliers de partisans, ce Montréalais a revêtu le chandail du Tricolore. Les admirateurs de l'équipe se sont donné rendez-vous au Centre Bell, où se déroulent les matchs à domicile du Canadien contre les Bruins de Boston. Un animateur de foule, perché sur une estrade, hurle dans un porte-voix : « *On va chanter une chanson.* » Les amateurs prennent la mesure en chœur : « *Ohé, ohé, ohé, ohé !* » Ce jour-là, Montréal croit en avoir fini avec Boston. Une formalité que tout un chacun est allé suivre, qui dans une taverne, qui chez des amis. Vers 22h, un jeune homme, la mine triste, le visage peint aux couleurs du Canadien, est assis sur les marches de la taverne Normand, dans le quartier du Plateau Mont-Royal. Une jeune Parisienne, foulard Hermès rouge faussement négligé, l'interpelle : « *Alors qui a gagné ?* » La fièvre du hockey a gagné toute la province. Quelques jours plus tard, lorsque le Canadien a écrasé définitivement les Bruins, les commerçants, dont le chiffre d'affaires augmente les soirs de match, ont poussé un soupir de soulagement.

Paru initialement dans *Le Temps* – 25 avril 2008.

les foyers de la Belle Province, le hockey perd toutefois du terrain au profit d'autres activités, comme le soccer ou la bicyclette.

Le soccer, un sport en croissance sous influence de l'immigration

Le football européen, que les Québécois appellent « soccer », est en passe de détrôner le hockey parmi les jeunes générations. Le ballon rond est devenu un incontournable du sport au Québec. Tout a commencé en 1998 à Montréal lors de la Coupe du monde de football.

Les habitants de la province, pour qui le seul sport digne d'intérêt était le hockey, se sont soudainement passionnés pour le soccer. L'enthousiasme des admirateurs des équipes italiennes, argentines, françaises ou brésiliennes, lors des retransmissions des finales, est devenu contagieux. La fièvre a gagné les jeunes. Les clubs de foot se sont multipliés. Chez les enfants, la pratique du soccer est devenue souvent plus populaire que celle du hockey. Les chiffres de l'Association canadienne de soccer sont éloquents. De 400 000 en 1994, le nombre d'adeptes a grimpé à 700 000 en 1999 pour atteindre 900 000 en 2007. Bonne surprise, le ballon rond, que les jeunes Québécois ont découvert avec les immigrants latinos et les Européens, a créé des liens entre les communautés.

Sur deux roues

De plus en plus de Québécois s'adonnent aux joies de la «petite reine» (voir également le paragraphe sur la bicyclette au chapitre 3). La croissance du nombre de cyclistes a été très importante ces dernières années. Les activités organisées autour du vélo, tel le Tour de l'Île de Montréal qui se déroule chaque année, y sont pour beaucoup. Les randonnées d'une journée ou de plusieurs jours sont aussi très populaires. À tel point que, malgré la neige et le froid, certains cyclistes continuent de pédaler en hiver.

Les sports d'hiver et le contact des Québécois avec la nature

Les Québécois, à l'instar de beaucoup de Nord-Américains, aiment la nature. Le Québec est le pays roi des sports d'hiver. Pour des Européens habitués aux Alpes ou aux Pyrénées, les pistes de ski de descente québécoises paraîtront bien dérisoires. En revanche, pour la pratique des autres sports, la province est bien lotie avec de très nombreuses pistes de ski de fond. Selon le Réseau de veille en tourisme du Québec, la raquette est l'activité hivernale préférée des habitants après la marche, le ski de fond et le ski alpin. La motoneige, elle, est arrivée au Québec en même temps que la Révolution tranquille. À ses débuts, dans les années 1960, cet engin si distinctement québécois n'était qu'un moyen de transport. Aujourd'hui, c'est pour l'essentiel un véhicule récréatif, que les touristes de la Belle Province pratiquent sur 33 000 km de sentiers balisés. Certains hôtels sont même accessibles en motoneige.

La chasse et la pêche

Chasse et pêche ont toujours de nombreux adeptes au Québec. L'orignal est le gibier favori des chasseurs. De leur côté, les pêcheurs sont plutôt gâtés avec les centaines de milliers de lacs de la province qui regorgent de truites ou des perches. L'hiver, les Québécois n'abandonnent pas leurs cannes à pêche pour autant. Ils taquinent le poisson sous la glace. C'est la pêche sous la glace, autrement appelée «pêche blanche».

3

Vivre en société

Bien que cela puisse paraître une évidence, il est bon de rappeler que la société québécoise est avant tout une société nord-américaine. Les Européens francophones pensent souvent, à tort, que le Québec est un bout de terre française en Amérique. Les racines hexagonales sont toujours bien présentes dans la Belle Province, mais elles se sont fortement diluées avec le temps. L'influence du Canada anglais mais aussi des États-Unis, qui ne sont situés qu'à quelques dizaines de kilomètres de Montréal, est plus forte que ne l'est celle de l'Europe. Que ce soit dans leur façon d'aborder la hiérarchie ou les classes sociales, les Québécois se démarquent du Vieux Continent. C'est aussi vrai pour ce qui a trait

aux relations hommes-femmes et à la place des femmes dans la société, très différentes de ce à quoi sont habitués les Européens et les Nord-Africains. De par ses débats feutrés et policés, le Québec montre qu'il a subi l'influence britannique. Nord-Américaine, la Belle Province l'est par son amour inconditionnel pour le politiquement correct, son art de vivre et par ses choix culinaires, proches des grands standards américains. Toutefois, s'il n'existe pas vraiment de gastronomie québécoise, la cuisine a beaucoup évolué depuis deux décennies, principalement à Montréal et à Québec, sous l'influence de l'immigration, mais aussi d'une plus grande ouverture sur le monde. Malgré tout, contrairement à l'Europe francophone, les Québécois, dans l'ensemble, mangent toujours plus par nécessité que par plaisir.

Les classes socioéconomiques

En ce qui a trait aux relations entre personnes, les classes socioéconomiques semblent moins marquées au Québec qu'ailleurs dans le monde. Les plus riches n'hésiteront pas à parler aux plus pauvres, sans façon et sans arrière-pensées de bonne conscience. Les groupes d'amis sont constitués aussi bien d'ouvriers, d'agriculteurs que d'ingénieurs ou d'artistes. En revanche, comme partout, le Québec n'échappe ni à la pauvreté ni à la richesse. Cette dernière est parfois trompeuse, car moins que les Américains, mais plus que les Européens, les Québécois s'endettent. La Belle Province demeure une société de classes moyennes. C'est aussi une société pluriculturelle jusque dans son marché du travail où l'on a pour tradition de dire que les chauffeurs de taxis sont souvent haïtiens, les pharmaciens, vietnamiens, et les dépanneurs (épiciers), chinois!

Sous le seuil de pauvreté

Contrairement aux habitants d'autres «pays», les Québécois pauvres ne sont pas concentrés dans des ghettos. Il faut oublier les banlieues des grandes villes européennes avec leurs tours remplies d'immigrants. Au Québec, il existe des habitations à loyer modique (HLM) dans les zones périphériques, certes, mais elles sont aussi situées dans les quartiers riches. Et contrairement à la France, où certaines familles aisées ont réussi à se loger dans des HLM de beaux quartiers parisiens, de vrais pauvres ou des familles nombreuses dans le besoin y habitent. Ce dernier phénomène n'a pas été sans créer des tensions lorsque plusieurs rapports de l'Office municipal d'habitation de Montréal ont montré que les familles d'immigrants, plus populeuses, obtenaient des logements municipaux plus facilement que les autres.

Sans bénéficier des nombreuses aides sociales de l'Europe francophone, les Québécois les plus pauvres sont aidés par le gouvernement par le versement mensuel de prestations d'aide sociale, souvent appelée BS, pour «bien-être social». Cette aide de dernier recours est une somme qui varie en fonction de la situation familiale. Au 1er janvier 2012, elle était de 589 $ pour une personne seule et de 913 $ pour un couple. Il existe également des aides pour les familles nombreuses, les mineures enceintes et les personnes âgées dans le besoin. Pendant longtemps, l'écart financier avec l'Europe francophone

Vivre en société

3

www.guidesulysse.com

Le rêve américain est au Québec

Le rêve américain serait désormais canadien. Il est plus facile de réussir au Canada qu'aux États-Unis. C'est du moins ce que révèlent les conclusions d'un rapport d'un économiste canadien réputé. *«La mobilité intergénérationnelle au Canada est plus élevée que dans les autres pays riches parce que, premièrement, les inégalités du marché du travail et le rendement tiré de l'éducation y sont relativement faibles, et deuxièmement, parce que les investissements publics et privés dans les enfants ont été relativement progressistes»*, estime l'économiste Miles Corak, directeur de la division d'études sur la famille de Statistique Canada. L'étude de Miles Corak mentionne notamment que les Canadiens sont peu marqués par leur héritage familial. Ainsi, sur 100 enfants nés de familles aisées, seul un tiers le reste. De même, les enfants nés dans des environnements défavorisés ont plus tendance à sortir de leur milieu social qu'ailleurs. Aux États-Unis, près de la moitié des enfants nés de parents pauvres deviennent des adultes pauvres. Selon Miles Corak, le pays de l'Oncle Sam, de même que le Royaume-Uni et la France, sont les nations où la mobilité sociale entre générations est en revanche très faible.

Publié initialement dans *La Voix du Luxembourg* **– novembre 2006.**

pour ce qui est de l'importance de prestations sociales a été élevé. Avec le temps, cet écart a tendance à diminuer. Cela n'est pas dû à une augmentation des aides sociales québécoises, mais plutôt à une baisse des aides en Europe. L'assistanat demeure toutefois moins fréquent au Québec.

S'il n'existe pas officiellement de seuil de pauvreté, il existe un seuil annuel de faible revenu. Il est d'environ 20 000 $ par personne et d'environ le double pour un couple avec deux enfants. Selon la Mesure de faible revenu de Statistique Canada, environ 12% des Québécois doivent composer avec un revenu inférieur à ce seuil. Il est à noter que près de la moitié des personnes à faible revenu vivent seules.

Il existe de nombreux collectifs de lutte contre la pauvreté au Québec, organisés en associations communautaires.

Les petits salaires

La misère se décline aussi avec le salaire minimum, qui, bien qu'ayant subi quelques rattrapages importants ces dernières années, demeure bas. À un peu moins de 10 $ l'heure (le salaire minimum), il est bien difficile de vivre décemment pour une personne qui parvient à travailler 40 heures par semaine. Autant le coût du logement que des transports rend les choses bien malaisées. Cela est encore plus vrai pour les familles dites monoparentales. Si les pauvres et les personnes à petits salaires ont théoriquement accès à des garderies tarifées à 7 $ la journée pour leurs enfants, le manque chronique de places constitue un véritable casse-tête. Le phénomène du travail à temps partiel ou du travail autonome est très développé au Québec. Cette catégorie de personnes, qui travaillent 25 heures par semaine ou parfois moins, peinent plus que tout à joindre les deux bouts.

La classe moyenne

Le Québec est fondamentalement un pays de classe moyenne. La province attire des immigrants qui rêvent de vivre correctement sans rechercher pour autant un eldorado. C'est essentiellement cette classe socioéconomique qui fait vivre le Québec grâce au paiement d'impôts directs et indirects substantiellement élevés. Les plus pauvres ne paient presque pas d'impôts, et les plus riches, au regard de l'importance de leur fortune, sont relativement épargnés grâce aux niches fiscales que leur proposent les fiscalistes. Les signes extérieurs de richesse que l'on retrouve parfois même au sein de la classe moyenne, avec de grosses automobiles, des maisons résidentielles et des téléphones dits intelligents, n'ont donc pas toujours de sens, car ils sont achetés à crédit et leurs utilisateurs n'en sont pas toujours propriétaires. Au Québec,

en 2009, selon Statistique Canada, en ce qui a trait aux principales dépenses, les ménages ont consacré en moyenne 20,2 % de leur budget aux impôts, 19,8 % au logement, 13,7 % au transport et 10,2 % à l'alimentation.

La classe aisée

La classe aisée, que les Européens ont coutume d'appeler celle des cadres supérieurs, est assez différente de celle que l'on trouve en Suisse, France ou Belgique. Au Québec, elle est constituée d'avocats, d'experts-comptables, de professeurs d'université ou de médecins, pour ne nommer que ces métiers. Ces professionnels gagnent beaucoup plus au Québec qu'en Belgique ou en France. À l'avant-garde des revendications salariales, les médecins généralistes, payés sur les deniers publics, perçoivent en moyenne 210 000 $ par année. Les médecins spécialistes touchent pour leur part plus de 350 000 $ annuels en moyenne.

Les millionnaires et milliardaires

3

Contrairement à l'Europe, le millionnaire est envié, mais il n'est pas honni. Les Québécois ne rêvent pas tous d'être des millionnaires ; mais même chez ceux qui ne le souhaitent pas, il n'existe pas de culture de la haine de l'argent. Chaque année, le nombre de millionnaires augmente au Québec. Selon le ministère du Revenu du Québec, le nombre de personnes ayant un revenu annuel

Vivre en société

www.guidesulysse.com

Vivre en société

3

supérieur à 1 million de dollars a triplé entre 1999 et 2009. On en compte aujourd'hui plus de 2 700 dans la province. Ce sont, pour l'essentiel, des entrepreneurs et des gens qui exercent des professions libérales, par exemple les médecins. Le Québec compte aussi quelques milliardaires. L'homme le plus riche est le milliardaire Paul Desmarais père, qui détient une part importante de la presse écrite du Québec.

Parmi les autres Québécois fortunés, mentionnons le magnat des médias Pierre-Karl Péladeau (PKP), le milliardaire de l'industrie laitière Lino Saputo, l'industriel des spiritueux Charles Bronfman, le pharmacien Jean Coutu, le financier Stephen Jarislovsky et le propriétaire du Cirque du Soleil, Guy Laliberté, dont la fortune est plus récente.

Les choses de la vie

Que ce soit pour la place des femmes et désormais celle des hommes dans la société, le Québec est un lieu bien à part. Les relations entre les femmes et les hommes échappent à la plupart des schémas traditionnels, du moins à ceux ayant cours en Europe. La Belle Province se singularise par ses débats citoyens, toujours très policés. Le politiquement correct est par ailleurs l'un des éléments qui surprend ou irrite le plus les étrangers de passage ou vivant au Québec. La jeunesse québécoise, très militante et engagée dans les années 1960 et 1970, et dans une moindre mesure dans les années 1980, semble aujourd'hui plus centrée sur des préoccupations mercantiles ou de travail.

La place des femmes

Jusque dans les années 1960, les emplois des femmes québé-coises étaient plus des travaux d'exécution. La place des femmes a depuis lors beaucoup changé. Les femmes ont accès à toutes les professions et à toutes les hiérarchies. Seuls quelques bastions demeurent, comme le secteur de la construction. L'ancien sexe faible est aujourd'hui majoritaire dans la plupart des filières de l'enseignement supérieur. À voir la prédominance des femmes dans les universités, il y a peu de doute que les arcanes décisionnaires de la société québécoise seront bientôt essentiellement féminins. Les femmes québécoises, très indépendantes, revendicatrices et débrouillardes, ont gagné une liberté et une indépendance qui surprennent souvent beaucoup les étrangères. Le féminisme a déclenché de nombreux phénomènes : la quasi-absence de femmes peu vêtues dans les publicités, l'interdiction de toute expression dite sexiste, la féminisation des titres. Les écrivaines côtoient les cheffes, les directrices et les plombières. Ceci n'est pas banal et inculque chez la petite fille québécoise l'idée qu'elle aussi peut devenir directrice. Les enseignements de Simone de Beauvoir et de Benoîte Groult, pour ne mentionner que ces deux Françaises, auront eu plus d'impact sur la société québécoise que sur la société française.

Le féminisme a eu d'autres impacts. Les hommes hésitent à tenir la porte aux femmes. Ils ne leur cèdent pas le passage, car cela pourrait être considéré comme de la discrimination. Le féminisme demeure un grand tabou sur lequel les représentants de l'ancien sexe fort ne s'expriment guère en public. S'il est difficile d'estimer quelle est la part de sincérité, les hommes semblent cependant fiers que les femmes soient désormais les gagnantes de cette longue guerre des sexes. Les jeunes générations de Québécoises se démarquent d'ailleurs de leurs aînées militantes des années 1970. Elles estiment que le combat féministe doit être moins âpre. Signe des temps, contrairement à leurs mères qui jugeaient la féminité comme une faiblesse envers le mâle, les plus jeunes ont beaucoup regagné en féminité, vestimentaire notamment.

Vers une discrimination positive pour le mâle enseignant

L'éducation nationale québécoise manque désespérément de spécimens masculins. Dans les écoles maternelles, primaires et secondaires, les enseignants ne sont plus que 22,5%, contre 31% il y a 10 ans. Au pays où les combattants du feu sont des pompières et où les réparateurs de tuyaux sont des plombières, le futur n'est pas rose pour l'ancien sexe fort. La gent masculine ne représente plus que 6% des effectifs chez les candidats enseignants. Robert Cadotte, psychologue et docteur en sciences de l'éducation, a confié récemment au *Journal de Montréal*: «*Des hommes, dans le réseau scolaire, c'est important pour un grand nombre de garçons, parce qu'ils ont peu de modèles masculins.*» Les jeunes Québécois délaissent les études. À l'Université de Montréal, les hommes sont minoritaires dans presque toutes les disciplines. Dans l'autre centre universitaire, l'Université du Québec à Montréal, ils sont légèrement majoritaires en art dramatique et dans un programme de sciences humaines. Les experts prônent une vague «valorisation de l'enseignement».

Publié initialement dans *Liaisons sociales* – septembre 2009.

Vivre en société

3

www.guidesulysse.com

La place des hommes

Machos, passez votre chemin! Au Québec, les hommes sont très discrets. L'homme québécois est généralement effacé et plus encore lorsqu'il se trouve face à une femme. *«Les hommes québécois manquent de modèles qui les aideraient à sortir de leur torpeur. Nos héros, du marquis de Montcalm à Jacques Parizeau, sont des "losers" [perdants] auxquels personne ne veut s'identifier... À la télévision, l'homme est toujours plus ou moins bien dans sa peau, plus ou moins malhonnête»*, écrit le journaliste Mathieu-Robert Sauvé dans son essai *Échecs et mâles*. Dans un autre livre, *Les nouvelles cordes sensibles des Québécois*, le publicitaire Jacques Bouchard écrit que l'homme *«est souvent dépeint par la publicité comme un perdant, un peu nigaud, un pauvre type totalement incapable d'entreprendre la moindre tâche ménagère»*. Jugements sévères, mais qui contiennent leur part de vérité.

Les relations femmes-hommes

Les relations entre les femmes et les hommes sont très différentes de celles qui existent en Europe ou en Afrique. Si l'ensemble de la société

Les malheurs d'un pinceur de fesses

Pour avoir pincé les fesses d'une douzaine de Québécoises, un cycliste de la Belle Province a été condamné à 17 mois de prison fermes. *«Cette peine n'apaise pas ma colère, elle ne répare pas ce qui a été fait. Je vais lui en vouloir toute ma vie»*, a déclaré une Canadienne de 21 ans au *Journal de Montréal*, à sa sortie du palais de justice de la métropole québécoise, le 20 juin. La jeune femme est l'une des 14 victimes de Philippe Lacroix. Ce cycliste montréalais de 28 ans a, entre avril et septembre 2003, pincé les fesses de Canadiennes alors qu'il circulait à vélo. L'homme est considéré comme un criminel en droit canadien. À sa sortie de prison, il devra respecter un couvre-feu de 18h à 6h du matin pendant 3 ans. Les Québécoises ne badinent pas avec les pinceurs de fesses et avec tout ce qu'elles considèrent comme du harcèlement sexuel. Ainsi, le mot «mademoiselle» n'est jamais employé par les Québécois, qui, prudents, préfèrent dire «madame» à une jeune fille. Dans la Belle Province, l'appellation «mademoiselle» peut être perçue comme du harcèlement. Au début des années 1990, des étudiantes de l'Université du Québec à Montréal avaient créé la Brigade rose, une milice chargée de traquer les étudiants soupçonnés de harcèlement sexuel sur le campus. Lorsque l'un d'eux était identifié, les miliciennes de la Brigade rose venaient, masquées, le dénoncer publiquement et bruyamment dans sa classe.

Publié initialement dans *Le Soir de Bruxelles* – 27 juin 2006.

québécoise s'en défend, le sujet des relations entre les femmes et les hommes est l'un des grands tabous de la société. Par complaisance, par peur ou pour ne pas changer une situation établie, de nombreux hommes refusent d'entrer dans ce débat explosif. Les relations entre les deux sexes sont empreintes à la fois de distance et d'un apparent respect. Vue de l'extérieur, la gent féminine et la gent masculine semblent constituer deux clans. Hommes et femmes n'hésiteront pas à aller régulièrement le soir au restaurant sans leur conjoint pour être avec des amis de même sexe. Cette indépendance se traduit également lors des vacances, puisqu'il n'est pas rare de voir des couples prendre des vacances séparément. Dans la vie quotidienne, les termes «sexisme» ou «discrimination» planent toujours au-dessus de tout débat. Une invitation dans un bar ou dans un restaurant de la part d'un homme peut être mal vue. Ce dernier doit souvent attendre que la femme prenne l'initiative. Beaucoup de Québécoises ne se gêneront d'ailleurs pas pour faire les premiers pas dans leurs relations avec les hommes. Cela dit, elles apprécient aussi que ceux-ci prennent l'initiative, à condition que cela soit fait de façon respectueuse, et en sont alors très souvent plus flattées qu'outrées. Si les Québécois revendiquent souvent une certaine latinité, dans leurs relations avec les femmes, ces derniers démontrent que les racines latines sont tout de même diluées à dose homéopathique. Les codes de respect envers les femmes doivent être pris très au sérieux, le Québec ayant mis en place un arsenal de mesures répressives à ce sujet.

L'homosexualité

Après des décennies de lutte contre les stigmatisations de tout acabit et les discriminations, l'homosexualité a gagné sa place au Québec. Les homosexuels ne sont plus ou presque plus discriminés dans la Belle Province. Comme la plupart des endroits de la planète, le Québec compte désormais son défilé de la Fierté gaie qui a lieu chaque été. En 2006, la métropole québécoise a même été l'hôte des Jeux olympiques gais. Montréal a en son centre-ville un quartier homosexuel, «le Village». Une partie de la communauté homosexuelle préfère toutefois vivre dans les quartiers traditionnels. Les gays comptent de nombreuses associations professionnelles, telle l'Association des policiers et pompiers gais du Québec. Montréal est considérée comme la seconde ville homophile en Amérique du Nord derrière San Francisco.

Le politiquement correct

Le Québec est un lieu singulier. Il ne s'y trouve pas de Noirs, pas de gros, ni de nains et encore moins de handicapés. En revanche, la Belle Province est un pays accueillant pour les «personnes des minorités visibles», pour les «personnes de taille forte», pour les «personnes de petite taille» ou encore pour les

Vivre en société

3

«personnes à mobilité restreinte». Au pays de la tolérance, les Québécois ne souhaitent choquer personne. Le cynisme envers l'autre n'a pas sa place au Québec. Mais à force de ne vouloir blesser personne, le risque de ne plus rien dire est important. La rectitude politique est l'un des éléments les plus durs à supporter pour des étrangers se rendant au Québec pour une longue période. Les conséquences du politiquement correct sont redoutables. Elles ont parfois des conséquences inattendues, voire contraires à l'effet souhaité, sur la langue écrite. Dans la presse, les journalistes évoquent fréquemment «les personnes de race noire», pour ne pas dire «les Noirs»! Un journaliste effectuera le portrait d'une personne sans faire référence à ses traits physiques ou à sa façon de parler, pour ne pas nommer ces éléments, ce qui manque souvent singulièrement de saveur.

Des débats feutrés, neutres et policés

La société québécoise est avant tout une société de consensus, où les débats se doivent d'être feutrés. Si les Québécois aiment débattre de politique ou de nombreux sujets de société, les discussions s'effectuent le plus souvent dans le calme. Les habitants de la Belle Province n'aiment surtout pas la chicane (les disputes). En cela, le Québec s'est éloigné de ses racines européennes, mais pas de ses racines anglo-saxonnes. La critique,

même constructive, est généralement mal vue. Elle est prise le plus souvent comme une attaque personnelle. Il est donc préférable, dans la mesure du possible, de dire que tout va bien à son interlocuteur et d'être très prudent dans l'expression d'un point de vue différent. Les Québécois utilisent fréquemment l'expression «c'est beau». Dans la Belle Province, tout est généralement «beau» au vu de ses habitants. C'est une différence majeure avec de nombreux pays où tout est objet de critique, souvent excessive comme en France. Il est donc parfois difficile de savoir, avant de se rendre dans un lieu, si celui-ci, décrit comme «écœurant» («très beau», en langue populaire québécoise), vaut vraiment le détour.

La société québécoise elle-même est très consensuelle. Le droit de grève existe, mais il demeure très encadré. Les grèves doivent faire l'objet d'autorisations, et elles ne sont jamais vraiment l'objet de débordements. Si les habitants sont à la fois respectueux des institutions, ils sont aussi très obéissants. Certains militants indépendantistes, comme Pierre Vallières, n'avaient pas hésité à jeter des pavés dans la marre dans les années 1960. Dans un livre explosif, *Les nègres blancs d'Amérique*, Pierre Vallières a comparé la lutte des Noirs pour les droits civiques aux États-Unis avec celle des Québécois. Le Québec est une société de compromis. Un bon exemple est peut-être le guide *Apprendre le Québec*, distribué aux immigrants par le ministère de l'Immigration et des Communautés culturelles lors de leur arrivée dans la Belle Province. Il définit ainsi les grandes lignes de la société québécoise : «*Le Québec est une société où l'accommodement, le compromis et la recherche de consensus sont privilégiés. L'ouverture à la diversité, la tolérance et le respect sont aussi des valeurs très importantes.*» Tout est dit. Ces accommodements de la société québécoise avec ses ethnies immigrantes, repris par les chartes canadienne et québécoise des droits et libertés, n'ont jamais été remis en cause pendant des décennies (voir chapitre 1 sur les accommodements raisonnables).

Civisme et estime de soi

Plutôt souriants, les Québécois sont très respectueux des autres. Ainsi, les habitants de la Belle Province font toujours la queue respectueusement, sans chercher à passer devant l'autre. C'est le cas même l'hiver, lorsque les gens attendent le bus et où l'on voit de longues files de personnes attendre à l'extérieur, dans le froid. Le comportement civique des Québécois peut s'expliquer par l'influence britannique, selon laquelle la loi est la loi et doit être respectée. Cela n'empêche pas, à une autre échelle, de vastes scandales de corruption. Les Québécois ont une grande qualité d'écoute et ont habituellement la politesse de ne jamais interrompre leur interlocuteur. Plus généralement, si les Québécois sont un peuple pétri de civisme, qui ne crie pas, le Québec est aussi le pays du chacun-pour-soi.

Les Québécois sont généralement pacifiques, et la criminalité, dans une grande ville comme Montréal, demeure bien faible et douce au regard de ce que l'on rencontre dans les grandes villes européennes, même plus petites. Les habitants de la Belle Province aiment s'encourager. Dans un match de volleyball, de badminton, tout le monde s'applaudit lorsqu'un point est marqué. Les Québécois qui ont une forte tendance à l'autosatisfaction (leurs origines françaises) ne commenceront jamais à dire à leur vis-à-vis que quelque chose ne va pas. Ils lui diront d'abord que les choses vont bien, mais qu'elles peuvent être améliorées.

La jeunesse

Les aspirations de la jeunesse québécoise semblent assez simples. Si de tout temps et dans tous les pays, les générations plus âgées tancent la jeunesse, c'est aussi vrai au Québec. Régulièrement, des sociologues, des journalistes se penchent sur cette jeunesse qu'ils jugent intéressée par un travail dans lequel ils n'ont pas envie de s'investir toute leur vie comme leurs aînés. Le sociologue Jacques Roy, professeur au cégep de Sainte-Foy, a écrit dans la revue *Pédagogie familiale* : «*La nette progression de l'individualisme dans la société a probablement gagné aussi les nouvelles générations d'étudiants.*» Vue par des regards extérieurs, la jeunesse québécoise semble peu engagée, peu militante et assez fataliste. Elle pousse parfois un coup de gueule, mais elle s'écrase vite. Les manifestations étudiantes sont rares et très sages. Les manifestations de jeunes sont quasi inexistantes. Les Québécois commencent à travailler très jeunes. En première année du niveau secondaire, près du tiers d'entre eux travaillent déjà en plus de l'école. Ces adolescents distribuent des journaux, effectuent des tâches de nettoyage ou travaillent comme caissier. Au Québec, le travail des ados fait partie des mœurs. Cela a d'ailleurs été un point de discorde entre l'Europe et le Canada pour la signature d'un accord de libre-échange entre l'Union européenne et le Canada. Selon une étude du ministère de l'Éducation du Québec, environ le tiers des adolescents qui travaillent le font par nécessité financière pour aider leurs parents. Si les études divergent sur l'impact de ces travaux sur les résultats scolaires, chose certaine, les étudiants québécois sont très occupés. Dans un ouvrage collectif, le sociologue Simon Langlois estime pour sa part: «*Les jeunes d'aujourd'hui ont été élevés et socialisés dans et par la société de consommation dont ils partagent les valeurs.*»

Art de vivre à la québécoise

L'art de vivre à la québécoise est marqué à la fois par la chaleur de vivre et par un important individualisme. Chaleureux, les Québécois le sont généralement dans la vie quotidienne. Leur curiosité et leur simplicité séduisent l'étranger. Pourtant, les immigrants étrangers (à l'exception du milieu étudiant) se plaignent souvent d'avoir peu d'amis québécois et de n'être que très rarement invités chez eux. Le Québec a vécu en vase clos pendant de longs siècles, sous la coupe du clergé, et ce n'est que depuis une génération que la province s'ouvre aux cultures étrangères.

Apportez votre vin

Voilà une spécificité québécoise, ou à tout le moins nord-américaine, intéressante. Il s'agit du phénomène «Apportez votre vin». De nombreux restaurants du Québec proposent à leurs clients d'apporter leur propre bouteille de vin. L'objectif est double. Dans un pays où le vin est un monopole d'État et où la société distributrice d'alcool multiplie le prix de vente des bouteilles de vin par deux et demi, le prix d'une bouteille de vin dans un restaurant qui appliquera lui aussi une marge de deux ou deux et demi peut devenir vite prohibitif. Car il faut ajouter les taxes et le pourboire. Ainsi une piquette du Languedoc vendu 3 euros en France peut aisément se retrouver à 30 euros (40 dollars) au restaurant. Le client est donc gagnant en apportant son vin. Le commerçant, lui, n'a pas toujours les moyens de tenir une grande cave à vin. Et puis surtout, cela lui permet d'augmenter le tarif des menus!

Lorsque les Québécois invitent, il est de bon ton pour chaque invité d'apporter une bouteille de vin. En revanche, comme relativement peu de Québécois disposent de caves à vin, le maître de maison ouvrira sur-le-champ les bouteilles que l'on vient de lui offrir pour le repas et non pas des bouteilles qui ont eu le temps de reposer dans la cave.

Une sortie au restaurant

Dans un restaurant, le serveur demande toujours s'il établit une facture commune ou individuelle. En général, chacun paie sa part. On invite surtout les gens pour souligner une occasion spéciale, le plus souvent les amis proches et la famille. Inviter quelqu'un du sexe opposé peut causer un malaise si la relation n'est pas clairement définie (voir paragraphe précédent sur les relations hommes-femmes). À propos des repas dans les restaurants, les taxes et le pourboire ne sont jamais inclus. Bien que le pourboire ne soit pas obligatoire, la tradition veut qu'un client satisfait laisse 15% du montant de la facture hors taxe. Le serveur doit donc gagner son pourboire et régulièrement viendra remplir un verre d'eau

ou demander si le plat servi est au goût du client, quitte à interrompre le client pris dans une discussion. Autre différence culturelle dans les restaurants, les serveurs débarrassent les assiettes ou les verres terminés presque dans l'instant.

Cuisine

Malgré une grande évolution depuis ces dernières décennies, on ne vient pas au Québec pour manger. Il y existe, comme dans tous les pays, des restaurants de toutes les nationalités, bons ou mauvais, mais la cuisine québécoise traditionnelle, riche et calorique, celle des temps de la colonie, a presque disparu. La cuisine fait partie de la vie des habitants de la province, mais elle demeure un élément secondaire, notamment dans les régions. Si les Québécois aiment parler de l'art de la table, les Européens ou les Nord-Africains s'étonneront du peu de temps que les Québécois passent à table. La malbouffe, à l'instar du reste du continent américain, est très présente. Les Québécois sont en revanche rapidement passés maîtres dans la confection de fromages de très grande qualité, de bonnes bières, mais aussi de cidres de glace. Le vin, que les habitants de la Belle Province apprécient de plus en plus, est importé. Il demeure une production locale marginale.

L'évolution de la cuisine au Québec ces deux dernières décennies

Depuis le début des années 1990, la cuisine a beaucoup évolué au Québec. S'il a été de tout temps, comme dans tous les pays, possible de trouver du fromage, du pain, des espressos tant à Montréal qu'à Québec, ces petits espaces de culture gastronomique européenne demeuraient toutefois très limités. En moins de trois décennies, sous l'influence de l'immigration, de modes, les Québécois ont pris goût aux baguettes, aux fromages et aux cafés spécialisés. De petites boutiques et des chaînes de cafés et de boulangeries ont fleuri au début à Montréal, puis à Québec et dans les villes moyennes de la province.

La cuisine traditionnelle québécoise

La cuisine traditionnelle québécoise pourrait être classée parmi les espèces en voie de disparition. Lors d'un dossier journalistique sur les spécialités culinaires québécoises, le rédacteur en chef d'une revue québécoise a contacté les responsables des offices de tourisme des 22 régions du Québec pour leur demander quelles étaient les spécialités de la région. Une seule région, le Saguenay–Lac-Saint-Jean, a répondu en citant les bleuets (petits fruits semblables aux myrtilles et non des fleurs). Cette situation n'est pas unique. Au-delà de toute spéculation sur la compétence ou l'intérêt des personnes interrogées pour leur travail, c'est aussi le signe que la cuisine traditionnelle a disparu ou n'est plus dans les mœurs. La cuisine traditionnelle québécoise, dont l'essentiel des mets a été conçu aux débuts de la colonisation française au XVIIe siècle, est une cuisine très riche, à base de soupes et de graisses animales. Parmi les plats traditionnels, soulignons le ragoût de boulettes (de viande), le jambon à l'érable, le pâté au poulet (sorte de tourte très lourde), la soupe aux pois, la tarte au sucre et les poudings. Si, en théorie, il existe toujours une bonne dizaine de plats roboratifs, le plus souvent la cuisine traditionnelle se limite aujourd'hui à quelques plats très riches en calories : la poutine (frites recouvertes de fromage cheddar en grain et de sauce brune), la tourtière (tourte), le pâté chinois (sorte de hachis Parmentier), les cretons (sorte de pâté) ou les fèves au lard (les fèves sont des haricots). À Montréal, les restaurants spécialisés dans la cuisine traditionnelle se comptent sur les doigts d'une main, alors que l'on dénombre des centaines de restaurants asiatiques, italiens, portugais ou grecs, pour ne nommer que les principaux. À la fin de l'hiver, les Québécois renouent avec la cuisine traditionnelle lors de sorties dominicales familiales dans des cabanes à sucre. Les hôtes de ces restaurants de campagne y dégustent des mets arrosés de sirop d'érable.

Les réalités gastronomiques du quotidien

Exception faite de petits producteurs artisanaux, les légumes que l'on trouve au Québec sont souvent génétiquement modifiés. Si la viande de l'Alberta y échappe souvent, les steaks contiennent souvent des hormones de croissance. Les Québécois s'approvisionnent fréquemment dans des dépanneurs (épiciers). S'il existe plusieurs supermarchés ou hypermarchés, ceux-ci sont généralement plus petits qu'en Europe et intégrés dans des centres commerciaux. Le choix alimentaire est moindre. Ainsi, s'il existe des boucheries, poissonneries, celles-ci demeurent toutefois peu nombreuses. Montréal, ville de 3,5 millions d'habitants, ne compte ainsi que deux grands marchés, les marchés Atwater et Jean-Talon, et un marché de taille moyenne, le marché Maisonneuve. Depuis peu, on note cependant un engouement pour les marchés et un certain retour aux produits dits naturels. Toutes choses qui ont grandement contribué à la hausse du prix des produits proposés dans ces marchés.

Les Québécois passent très peu de temps à table. C'est un élément à prendre en compte notamment pour ce qui est des relations de travail. Contrairement à l'Europe francophone, les contrats ne se négocient pas à la table d'un restaurant. La culture de la table est très différente du Vieux Continent. Ainsi, on peut parfois voir quelqu'un commencer son repas par du fromage et prendre du vin pour apéritif.

L'omniprésence de la malbouffe

Le Québec est la victime consentante d'un véritable Tchernobyl alimentaire. Plus qu'en Europe et à l'instar des États-Unis, les chaînes de restos de malbouffe y sont légion. Outre les traditionnels McDonald's,

Burger King, A&W ou Kentucky Fried Chicken, les Québécois ont inventé leurs propres chaînes. Elles se nomment Valentine, La Belle Province, et l'on y sert des hot-dogs à 50 cents, ce qui peut donner une idée de la qualité des produits que l'on y mange. Outre ces chaînes, d'autres sont très appréciées par les Québécois et sont devenues de véritables institutions, telles les rôtisseries St-Hubert où l'on sert du poulet. Toutes choses qui seraient incomplètes si l'on n'y ajoutait pas des centaines de petites échoppes vendant de la pizza en portion pour quelques dollars. Enfin, il suffit de se rendre dans les cinémas, les épiceries pour y trouver une profusion de *pop-corn*, *chips* et boissons sucrées en tous genres. La malbouffe est l'objet d'un débat récurrent, notamment dans les écoles où des établissements ont fait des efforts louables pour supprimer croustilles et boissons gazeuses.

Les fromages québécois, une belle réussite

Les fromages sont l'une des plus belles réussites de la gastronomie locale. En moins de deux décennies, les fromagers québécois sont parvenus à réaliser de formidables fromages au lait cru. Pourtant, au début des années 1990, le gouvernement fédéral canadien, par l'entremise du ministère de l'Agriculture, avait interdit le fromage au lait cru. Heureusement, Ottawa a perdu cette bataille du goût. Chaque région du Québec propose aujourd'hui des productions aux

Vivre en société

3

noms originaux: Pied-de-Vent, Le Douanier, Oka...

Les boissons

À l'instar des Américains, les Québécois sont d'importants consommateurs de bière. Sans avoir renoncé aux bières traditionnelles, ils optent de plus en plus pour des produits provenant de microbrasseries. Tout comme le pays de l'Oncle Sam, le Québec consomme toujours plus de vin d'année en année, même si les prix du vin demeurent très élevés.

De la bière ou du vin

En Amérique du Nord, la culture de la bière demeure fortement ancrée. Les fabricants de bières sont puissants, et les viticulteurs canadiens pèsent bien peu au regard des multinationales du houblon. Malgré cela, les Québécois boivent chaque année toujours un peu plus de vin. De 12 litres en 1998, ils en consommaient près de 20 litres en 2008. Parallèlement, ils boivent toujours près de 70 litres de bière annuellement. Au Québec, pendant de nombreuses années, la Société des alcools commercialisait de la bière. C'est toujours le cas, mais les proportions sont moins importantes qu'autrefois. Le vin représente désormais l'essentiel des revenus de la Société des alcools du Québec (SAQ - Voir paragraphe plus loin).

Les microbrasseries

Les microbrasseries sont l'une des grandes fiertés québécoises. Sans atteindre la qualité des bières belges, ni l'art de servir la bière, les Québécois sont parvenus en moins de trois décennies à transformer l'industrie de la bière locale. Si les deux géants de la bière traditionnelle, Molson et Labatt, dominent toujours très largement le marché (plus de 90%), les bières artisanales ont gagné le cœur de bien des Québécois. S'il existe toujours les classiques, les Labatt Bleue, les Molson Dry et les antiques Labatt 50, de plus en plus de Québécois, dans les grands centres urbains, se pâment pour les bières de microbrasseries. Certains artistes, comme Robert Charlebois notamment, ont beaucoup contribué à populariser la bière de microbrasserie. Le chanteur a longtemps eu sa propre entreprise dans le domaine. Des entreprises comme Unibroue ont dépassé le stade de l'artisanat et exportent maintenant leur production en Europe et aux États-Unis. Ces microbrasseries ont des noms originaux tels que Dieu du Ciel, le Trou du Diable ou encore le Grimoire, pour ne citer que quelques-unes de la centaine de brasseries artisanales québécoises.

Le vin, une valeur montante

Les Québécois consomment de plus en plus de vin, et ce, principalement dans les grands centres urbains. Dans les campagnes, il est plus difficile de trouver une bouteille de vin acceptable. La consommation de vin à une échelle autre que confidentielle demeure toutefois quelque chose de récent, que l'on

Les palais canadiens délaissent les vins français

La part de marché des vins français est en chute libre, tant au Québec qu'au Canada. *« L'offre s'est internationalisée. Il se fait de meilleurs vins un peu partout dans le monde »*, note le chroniqueur de vin québécois Marc Chapleau. Les causes des déboires français sont nombreuses. *« Le marché canadien est un marché anglo-saxon. Les achats de vins demeurent un acte impulsif. Les étiquettes françaises sont trop compliquées. Il y a trop d'appellations face à des vins étrangers qui privilégient les cépages »*, affirme Jérôme Desquiens, attaché commercial et chef du pôle Biens de consommation à la Mission économique de France à Montréal. L'an dernier, des producteurs des Pays d'Oc ont lancé le French Rabbit, un vin conditionné dans des briques en carton. Le choix d'un nom anglais pour un vin français distribué au Québec est une erreur de marketing considérable. *« C'est une attitude à courte vue de la part des producteurs français pour concurrencer les vins anglo-saxons »*, estime Marc Chapleau. *« Les Canadiens et les Québécois aiment la nouveauté et l'exotisme, ce qui n'est plus l'image que projettent les vins français »*, souligne Jérôme Desquiens.

Publié initialement dans *Le Figaro* – 1er septembre 2008.

pourrait évaluer à moins de trois décennies. Dans les restaurants, certains serveurs peinent encore à déboucher une bouteille de vin. Dans la Belle Province, le vin est le plus souvent identifié à des cépages.

« Si on m'avait engagé pour ma connaissance du vin, l'entreprise serait en déroute », avait déclaré en 2000 Gaétan Frigon, alors président de la SAQ, la Société des alcools du Québec. « Le patron des vins » de la Belle Province avait étonné ses compatriotes par sa franchise. Les Européens sont parfois surpris, voire choqués par la méconnaissance quasi absolue des Canadiens en matière de vins. Dans de nombreux restaurants et la plupart des succursales de la SAQ,

les bouteilles de vin sont le plus souvent conservées debout, à la chaleur et en pleine lumière.

La Société des alcools du Québec (SAQ)

Au Québec, l'État dispose d'un monopole sur la vente du vin. Ce dernier est proposé dans les succursales de sociétés d'État, les SAQ. C'est une manne financière pour le gouvernement qui en profite pour vendre les vins européens, californiens, australiens ou chiliens à des prix élevés. Le vin a toujours été considéré jusqu'il y a peu comme un produit de luxe, destiné à une clientèle aisée. À juste titre d'ailleurs. Un petit vin du Languedoc, vendu l'équivalent de 4 $ dans sa région d'origine, est commercialisé à 12 $

au Québec. Les Québécois semblent s'accommoder de cette situation. La SAQ est bien perçue. L'État est en situation de monopole et a placé à la tête des SAQ d'excellents gestionnaires qui sont parvenus à développer la vente de vin de façon spectaculaire : marketing direct et campagnes de publicité élargissent la gamme des vins importés. Certaines succursales sont ouvertes jusqu'à 22h. La SAQ s'autoproclame plus gros acheteur de vins au monde. Malgré ses défauts, les Québécois sont attachés à leur système de vente d'alcool, et la privatisation des SAQ n'est vraiment pas à l'ordre du jour.

La viticulture québécoise

La viticulture québécoise demeure modeste, tant en termes de production et de surface que de qualité.

Sur la petite Route des vins du Québec, dans la jolie région des Cantons-de-l'Est, les vignobles ont pour nom L'Orpailleur, Les Côtes d'Ardoise, Les Blancs Coteaux ou encore Les Pervenches. La production de vins dans la Belle Province a débuté au milieu des années 1980. Quelques Français, mais aussi des Québécois, ont alors tenté de cultiver des vignes dans un environnement climatique hostile. Trois décennies plus tard, une quarantaine de viticulteurs exploitent environ 200 hectares de vignobles. Ces vignes sont souvent élaborées

en laboratoire. Malgré l'enthousiasme des Québécois pour leur production, les vins de l'ancienne Nouvelle-France demeurent des vins de soif.

Les vins et les cidres de glace

Alors que le vin traditionnel peut difficilement être considéré comme une réussite au Québec, les cidres de glace sont en revanche un succès tant commercial que de qualité. Les cidres de glace sont inspirés des vins de glace. Ces vins produits dans des conditions de vendanges tardives (entre fin décembre et fin février à des températures de –10°C) l'ont tout d'abord été en Allemagne au XVIIIe siècle. Le Canada a commencé à produire du vin de glace en Colombie-Britannique en 1973, puis en Ontario et au Québec. Aujourd'hui, le Canada est le premier producteur mondial de vins de glace. À la fin des années 1980, le Québec s'est inspiré des procédés de vinification de glace pour élaborer le cidre de glace. Les pommes sont récoltées soit à l'automne, puis conservées au froid, soit lors de périodes de froid hivernal. Les pommes gelées sont ensuite broyées et pressurées. Il faut environ quatre fois plus de pommes pour fabriquer du cidre de glace que du cidre classique. Il existe une cinquantaine de producteurs de cidre de glace au Québec, qui connaît un succès grandissant dans la province.

4

Économie, affaires et monde du travail

Portrait économique du Québec

Avec 8 millions d'habitants, le Québec dispose d'un produit intérieur brut (PIB) de 253 milliards de $US (à parité de pouvoir d'achat). Avec environ 32 400 $US par habitant, c'est moins que la moyenne canadienne (37 800 $US) ou américaine (45 900 $US), plus proche de l'Espagne (32 200 $US) ou de la France (33 700 $US). À l'échelle macro-économique, la richesse du Québec correspond à peu près à celle d'un pays comme le Portugal. Environ deux tiers du PIB québécois est constitué de revenus du secteur des services. Pour bien comprendre l'économie de la Belle Province, il est primordial de la situer dans un contexte nord-américain, mais aussi transatlantique. Les préoccupations économiques québécoises n'ont rien de commun avec celles de la Colombie-Britannique, province du Pacifique, tournée vers l'Asie, ou de l'Alberta, province pétrolière et gazière. La Belle Province, comme les autres provinces canadiennes, fait partie de l'ALENA, un marché économique de près de 450 millions d'habitants. Enfin, la dette du Québec est importante, et la cote de crédit de la province correspond à celle des mauvais élèves européens, alors qu'elle est meilleure que celle de la Californie.

L'évolution historique de l'économie

Jusqu'au début du XIXe siècle, l'économie québécoise se caractérise par des échanges avec les Amérindiens. L'essentiel des transactions s'effectue alors autour de la fourrure (voir l'encadré). Le Québec connaîtra par la suite sa révolution industrielle au XIXe siècle et des phases de récession et d'expansion. Un fait est toutefois frappant. Dès la défaite française de 1760 et donc de la perte de la Nouvelle-France au profit de l'Angleterre, les francophones ont été dominés par une bourgeoisie anglophone. Il s'est alors créé un rapport colon-colonisé. Les habitants de la Belle Province ne se sont partiellement émancipés de cette colonisation qu'au tout début des années 1960, lors de la Révolution tranquille. En moins d'un demi-siècle, les Québécois ont

su occuper les sièges des conseils d'administration autrefois occupés par l'envahisseur anglais et devenir des investisseurs avisés. Il n'en reste pas moins toujours un vieux fond de «colonisé» chez de nombreux Québécois. Selon Brian Young et John A. Dickinson, auteurs du livre *Brève histoire socio-économique du Québec*, « *Le Québec se distingue également par la présence d'une minorité anglophone encore puissante*», avant d'ajouter que l'économie de la province a su prendre son envol et «*se démarque du reste de l'Amérique du Nord par l'utilisation d'instruments tels le Fonds de solidarité et la Caisse de dépôt pour soutenir le modèle québécois*». À cela il faut ajouter un système coopératif fort et diversifié, dont le fer de lance est sans conteste le Mouvement Desjardins, la «banque des Québécois», qui emploie plusieurs dizaines de milliers d'employés.

L'économie au quotidien

Le Québec fait partie de la Confédération canadienne et lui est économiquement très lié. C'est ainsi que si 76% des revenus du gouvernement québécois proviennent de ses propres sources (impôts pour la moitié), 24% sont des transferts fédéraux. Le commerce extérieur québécois est, lui, pour l'essentiel tourné vers l'Amérique du Nord. Selon l'Institut de la statistique du Québec, près de 70% des exportations de la province se font vers les États-Unis et 15% vers l'Europe. Aux exportations vers les autres

La fourrure, c'est l'histoire du Québec

Il y a 400 ans, dès le début de la Nouvelle-France, la fourrure était très en demande en Europe. Le commerce s'est donc tout naturellement orienté vers le négoce des peaux. En 1670, le commerce de la fourrure, jusqu'alors le monopole des Français, devient également un débouché commercial pour la perfide Albion qui obtient le droit de créer la Compagnie de la Baie d'Hudson. La compagnie étendra son emprise sur la moitié du Canada actuel. En 1783, une seconde société britannique, la Compagnie du Nord-Ouest, voit le jour. Les deux entreprises se livreront une concurrence féroce jusqu'à leur fusion en 1821. En 1817, on crée même la Banque de Montréal afin de faciliter la traite des fourrures, qui est demeurée pendant trois siècles le principal négoce au Canada. Si le développement commercial du pays s'est d'abord effectué autour du Saint-Laurent, il s'est ensuite déplacé vers l'ouest du pays : Calgary, Regina, Edmonton, Winnipeg et Victoria ne sont en fait que d'anciens postes de traite. Les Autochtones ont joué un rôle clé dans le commerce de la fourrure. Les marchands partaient vers les Territoires du Nord-Ouest ou la baie d'Hudson négocier les peaux avec les Autochtones. Aujourd'hui, ces derniers constituent une grande partie des 80 000 trappeurs canadiens.

Paru initialement dans la revue *PME* – 1er février 2000.

pays, il faut ajouter les ventes vers les autres provinces du Canada, qui atteignent 52% de ses exportations internationales. Entre 1989 et 2009, les principaux produits d'exportation ont été, par ordre d'importance, l'aéronautique, les produits pharmaceutiques, l'électricité, les produits chimiques, la machinerie et l'aluminium. Toujours selon les données statistiques, le secteur primaire (agriculture, pêcheries, mines, forêts) représente environ 2% de l'économie, alors que le secteur secondaire en constitue un peu moins de 30%. Plus des deux tiers de l'activité économique québécoise est donc due au secteur des services. À l'instar du Canada, ces dernières années, le Québec doit tout de même une bonne partie de sa richesse aux ressources naturelles, qu'elles soient minières (or, fer, argent) ou forestières.

Les pôles économiques sectoriels et régionaux

Les trois grands pôles d'excellence québécois sont l'aéronautique, les biotechnologies et le multimédia. La grande région de Montréal est, avec ses 3,5 millions d'habitants, le centre névralgique de l'aéronautique au Canada. Les leaders de l'industrie ont pour nom Bombardier, Bell Helicopter, CAE

Économie, affaires et monde du travail

4

www.guidesulysse.com

ou encore Pratt et Whitney. Il existe des centaines de sous-traitants de l'industrie aéronautique. Le Québec est aussi l'un des premiers centres de biotechnologies d'Amérique du Nord. Près de 200 entreprises de ce secteur sont établies dans la Belle Province, principalement à Montréal, et elles emploient 4 500 personnes. Selon Statistique Canada, ce sont les PME de moins de 50 employés qui sont les plus innovantes (elles constituent 75% de l'industrie), et c'est dans le domaine de la santé humaine que les perspectives sont les meilleures. Le Québec compte aussi près de 100 entreprises dans le secteur du multi-média qui emploie 5 200 personnes. Outre la française Ubisoft, dont le plus important de ses studios de développement à travers le monde se trouve à Montréal, le secteur compte Eidos, Electronic Arts ou encore A2M, pour ne nommer que ces leaders.

La présence des sociétés étrangères

Les États-Unis sont le principal investisseur au Québec, suivis de la France et du Royaume-Uni. Il y avait en 2006 environ 1 700 filiales de sociétés étrangères, employant 179 000 travailleurs dans des domaines aussi variés que l'indus-

Le Québec, marché prometteur pour les entreprises pyrénéennes

Martin Malvy, le président de la région Midi-Pyrénées, mène une délégation économique et politique d'une trentaine d'élus et de chefs d'entreprises. Dans le domaine de l'agroalimentaire, les sociétés Salaisons pyrénéennes et Saveurs des Pyrénées sont venues proposer leurs produits aux Québécois. « *Nous représentons des entreprises familiales de deux ou trois personnes. Nous exportons nos produits au Québec depuis 15 ans*», confie Jean-Philippe Arvert, directeur de Saveurs des Pyrénées. Le chef d'entreprise dispose déjà sur place d'un solide réseau et commercialise la Tomme des Pyrénées et des produits du terroir. Frédéric Bonomelli, le directeur des Salaisons pyrénéennes, peste. La douane canadienne lui a confisqué ses échantillons de Porc noir de Bigorre. Les normes draconiennes du ministère de l'Agriculture du Canada ont découragé bien des chefs d'entreprises de l'Hexagone ces dernières années. Il est fréquent que le ministère canadien accorde un agrément qu'il suspend quelque temps plus tard sur un coup de tête. « *Il reste qu'il est agréable de faire des affaires au Canada. Les gens ne tergiversent pas. C'est oui ou non tout de suite*», assure Jean-Pierre Arvert.

Nouvelle république des Pyrénées – avril 2008.

trie pharmaceutique, alimentaire, l'aéronautique ou encore le multimédia. À l'échelle canadienne, si l'on compte 450 entreprises françaises, environ les deux tiers sont implantées à Montréal et dans ses environs.

L'argent

Les Québécois aiment l'argent. Ils aiment en parler. Dans toutes les discussions, les choses sont quantifiées monétairement. Le dollar est omniprésent dans la vie quotidienne. Ce rapport décomplexé face aux questions d'argent a simplifié tout ce qui a trait aux questions monétaires, qu'il s'agisse de l'ouverture des comptes en banque ou de l'obtention du crédit. Contrairement aux idées reçues en Europe, l'imposition sur les revenus est relativement élevée.

Le rapport à l'argent

Les Québécois sont beaucoup plus à l'aise dans leurs rapports avec les questions monétaires que les Belges ou les Français. Lors des discussions sur quelque sujet que ce soit, les habitants de la Belle Province ont tendance à toujours monétiser les choses. Ainsi, tel produit aura été acheté à tel prix et tel voyage coûtera tel prix. On achète un disque pour 20 $ avant de dire qu'il s'agit d'une bonne ou d'une mauvaise musique. Le mot « dollar » est très fréquemment prononcé dans une conversation. Clairement, l'argent, qui demeure un élément important partout, l'est encore plus au Québec. Peut-être est-ce une conséquence, mais les invitations au restaurant sont rares, même dans le milieu du travail, pour la conclusion de contrats. Bref, tout est compté, et les Québécois sont en général très près de leurs sous. Chacun paie sa part. Vu d'Europe, cela pourrait être considéré comme de la radinerie, ou de l'impolitesse, mais ici c'est tout simplement normal.

Le système bancaire

Le système bancaire canadien (il s'agit d'une institution fédérale) est un bonheur de simplicité d'utilisation pour un Européen francophone. Il est facile d'accéder aux différents services bancaires. Le crédit s'obtient aussi assez facilement, trop facilement peut-être, et c'est sans doute là un revers de la médaille.

Économie, affaires et monde du travail

4

L'ouverture d'un compte

Il est très facile d'ouvrir un compte dans une institution bancaire québécoise. Le banquier se contentera de deux pièces d'identité, d'une preuve de résidence, ainsi que du numéro d'assurance sociale du client. Les établissements bancaires n'exigent pas de preuve d'emploi, pas plus qu'un dépôt minimal conséquent dans le compte. Le compte est ouvert en quelques minutes. Le banquier remet alors à son vis-à-vis une carte de débit, appelée aussi « carte de guichet », soit l'équivalent d'une carte de retrait en Europe (voir paragraphe ci-dessous sur les cartes plastiques). La demande d'un chéquier n'est pas une nécessité, les chèques étant très peu acceptés au Québec. L'obtention d'une carte de crédit est plus compliquée, la banque exigeant du client un historique de crédit avant de lui en accorder une (voir paragraphe sur les cartes plastiques).

Pour ouvrir un compte commercial, le banquier demande le numéro d'entreprise du Québec de la société. L'entrepreneur disposera d'un compte quelques jours plus tard. Tout n'est pas rose cependant. Les banques prélèvent des frais sur le moindre retrait, le moindre chèque, la moindre opération. Pour choisir une banque, il est donc important de faire le tour des huit grands établissements financiers de la province pour comparer les services proposés. L'utilisation de forfaits mensuels permet en général de minimiser les coûts. Le site Internet de l'Associa-tion des banquiers canadiens (*www. cba.ca*) est un excellent moyen de se maintenir au courant des frais bancaires.

Les institutions bancaires

Banque Nationale du Canada, CIBC, Toronto Dominion, Banque Royale, Banque Scotia, Banque Laurentienne, Banque de Montréal et Caisses populaires Desjardins : ce sont les établissements bancaires que l'on retrouve au Canada. Si toutes ces banques ont des succursales au Québec, elles sont plus ou moins bien représentées. C'est un élément à prendre en compte pour quelqu'un qui doit se déplacer fréquemment hors de sa ville ou de son quartier pour retirer de l'argent. La Banque Nationale du Canada, la Banque Laurentienne ainsi que les Caisses populaires Desjardins sont peu présentes sur l'ensemble du territoire canadien. Ces établissements sont mieux implantés au Québec. Les Québécois francophones dirigent naturellement les immigrants vers Desjardins, considérée comme la banque refuge de la nation. Cette coopérative a été fondée par Alphonse Desjardins il y a plus d'un siècle pour que les Québécois soient maîtres de leur argent. Les établissements bancaires sont ouverts de 10h à 15h du lundi au vendredi. Plusieurs d'entre eux sont ouverts les jeudis et vendredis jusqu'à 18h, voire 20h. Certaines banques sont ouvertes six jours sur sept. Depuis le début de l'année 2011, la banque Toronto

Dominion ouvre certaines de ses succursales sept jours par semaine. Il existe des banques françaises et suisses au Québec, mais elles ne font pas de transactions courantes avec les particuliers (les banques suisses font cependant de la gestion privée de fortune).

Le service à la clientèle dans les banques

Cela peut sembler normal, mais il y a un vrai service à la clientèle dans les établissements financiers du Québec. À l'inverse de la France, le banquier n'oublie jamais que son vis-à-vis est un client et non une personne à qui il fait une faveur de le recevoir. Au Québec, on n'a pas besoin de s'excuser avant de poser une question à un employé.

Le crédit

Il est très facile d'obtenir un crédit au Québec. Jusqu'à récemment, il était même possible d'emprunter la totalité des fonds pour acheter une maison sans disposer d'une mise de fonds de départ. Ces facilités de crédit ont amené un taux d'endettement élevé des ménages qui préoccupe de plus en plus les autorités. L'Association des banquiers canadiens dispose sur son site Internet d'un simulateur de prêts et de remboursements.

Endettés, les Canadiens perdent le sommeil, mais gardent le moral

Le tiers des Canadiens font des insomnies à cause de leurs dettes. C'est ce que révèle une étude menée par le groupe Investors, l'une des plus importantes sociétés de fonds de placement du Canada. Pour ne rien arranger, 25% des sondés confient que les relations avec leur conjoint se détériorent en raison des difficultés auxquelles ils font face pour acquitter leurs obligations financières. En 2010, l'endettement moyen des ménages canadiens a atteint 100 000 $, soit 150% de leur revenu net et une progression de 78% pour les 20 dernières années. Le recours au crédit est devenu une banalité. Résultat, 73% des Canadiens sont endettés. L'achat ou la rénovation d'une propriété sont les principales causes de l'endettement des familles, suivis par l'achat de placements financiers et par les dettes d'études. Plus inquiétant, les deux tiers des personnes interrogées par le groupe Investors ont affirmé que leurs dépenses quotidiennes contribuent à leur endettement. Les insomnies financières des Canadiens ne leur font pas perdre le moral pour autant. La majorité d'entre eux sont persuadés que leur endettement aura une incidence positive sur leur vie. Il ne s'agirait que d'un mauvais rêve qui s'estompera avec le temps, sans somnifère.

Paru initialement dans *Le Figaro* – mai 2011.

Les cartes plastiques

La carte de débit permet de régler ses achats dans presque tous les commerces. Le client peut aussi parfois retirer des espèces chez certains commerces lorsqu'il effectue un achat. Outre le paiement de factures (gaz, électricité...) aux guichets automatiques (distributeur de billets) de toutes les institutions financières, cette carte, aussi appelée «carte de guichet», est un moyen pour retirer des espèces dans l'ensemble du Canada et ailleurs dans le monde. Contrairement à une carte de crédit, son détenteur ne dispose que du montant réel d'argent disponible sur ses comptes chèques ou d'épargne. Pour obtenir une carte de crédit, les choses sont plus difficiles. Au début, certaines banques peuvent demander à un nouveau venu un dépôt de garantie de 1 000 $ ou plus, qui restera bloqué jusqu'à un an. Au Canada, la carte de crédit fonctionne différemment des cartes de crédit européennes. Chaque mois, l'utilisateur doit régler un solde minimum. Les intérêts courent dès qu'une transaction est effectuée s'il reste un solde impayé des mois précédents. Si le client règle toujours son compte avant la date limite prévue, il ne paiera jamais de frais d'intérêt. En revanche, les intérêts imputés sur les cartes de crédit, lorsque le solde entier n'est pas réglé à échéance, peuvent être importants, soit près de 20%.

Le chèque, un moyen de paiement peu utilisé

Le chèque personnel, qui est toujours en France un moyen de paiement très utilisé, est quasi inconnu au Québec. Il peut être utilisé pour payer un loyer, mais il n'est pas accepté dans la plupart des magasins. Disposer de quelques chèques peut être utile, mais posséder un gros chéquier est déraisonnable.

4   Les impôts

Les Québécois, dont l'État est maître de ses finances, remplissent leurs déclarations d'impôts à la fois pour le gouvernement fédéral et pour le gouvernement provincial. Au plus tard le 28 février de chaque année, tous les salariés reçoivent des relevés de leurs employeurs leur indiquant quels ont été leurs revenus pour l'année précédente et donc ce qu'ils doivent déclarer à Revenu Canada et à Revenu Québec. Les déclarations doivent être effectuées avant le 30 avril minuit.

Les taxes

Côté taxes, les Québécois paient des taxes à la consommation. La taxe sur les produits et services (TPS) est une taxe fédérale de 5% et la taxe de vente du Québec (TVQ), provinciale, est, elle, de 9,5% depuis le 1er janvier 2012.

Culture du travail

La culture du travail est fonda-mentalement nord-américaine. Il faut se rappeler que Montréal est à moins de 100 km des États-Unis. La culture québécoise n'est pas très éloignée de la culture états-unienne, même si les habitants de la Belle Province insistent pour se dire différents de leurs voisins du Sud. Lors d'une recherche d'emploi, c'est bien un océan qui sépare le Québec de la France ou la Belgique. La notion de direction des ressources humaines est radicalement diffé-rente de l'Europe francophone ou de l'Afrique du Nord, de même que la prise de contact avec un employeur, les curriculum vitæ ou encore la façon de s'habiller.

Le droit du travail

Le droit québécois est un mélange de *common law* britannique et de droit français où l'oral a toute sa part. De plus, comme le Québec n'est qu'une province dans l'ensemble canadien, les entreprises à compétence fédérale sont régies par des lois fédérales, et les entre-prises à compétence provinciale sont régies par des lois propres à la province. Dans le cas du Québec, les principes qui encadrent le droit du travail proviennent du Code civil, de la Loi sur les normes du travail et de la Loi sur la santé et la sécurité du travail. C'est toute-fois le droit fédéral qui s'applique aux entreprises dont l'activité est sous juridiction fédérale, comme la fonction publique du Canada ou les compagnies aériennes. En cas de litige commercial, l'affaire relève du tribunal de l'acheteur importateur.

Les salaires

L'employeur dispose d'un mois pour verser la première paie d'un employé. Ensuite, les paies seront versées au plus tard tous les 16 jours, à l'exception des cadres qui peuvent être payés une fois par mois. Lorsque le jour de paie tombe un jour férié, l'employeur doit verser le salaire de son employé le jour précédent. Chaque paie doit être accompagnée d'un bulletin permet-tant au travailleur de calculer son salaire et de constater les déduc-tions d'impôts à la source.

Les accidents du travail

En cas d'accident du travail, un médecin évalue le préjudice subi par l'employé. C'est ensuite la Commission pour la santé et la sécurité du travail (CSST) qui fixe les conditions d'indemnisation. L'employeur verse chaque mois une cotisation à la CSST pour se couvrir des risques financiers liés aux accidents du travail.

L'entreprise

Il existe quatre grands types d'entreprises au Québec: l'entre-prise individuelle, la société par actions, la société de personnes et la coopérative.

Économie, affaires et monde du travail

4

Économie, affaires et monde du travail

4

L'entreprise individuelle est celle d'une personne. Elle est généralement destinée aux travailleurs autonomes qui préfèrent une structure souple, tant dans sa création que dans la vie entrepreneuriale au quotidien (voir également paragraphe sur le travail autonome). Dans ce cas, les biens de l'entreprise et ceux de son propriétaire forment un tout et peuvent être saisis en cas de faillite (c'est aussi le cas pour les sociétés en nom collectif).

La compagnie ou société par actions peut être formée par une personne ou deux au plus. La responsabilité des propriétaires n'est pas engagée ; la loi prévoit toutefois la responsabilité des administrateurs quant aux paiements des salaires et des taxes, entre autres. La société par actions peut être publique (faire appel à l'épargne) ou privée (capital fermé).

Les sociétés de personnes, moins fréquentes, qui doivent compter au moins deux personnes, sont la société en nom collectif, la société en commandite et enfin la société en participation.

La coopérative (voir paragraphe plus loin sur les coopératives) est aussi très répandue au Québec.

Les congés

Au regard de l'Europe francophone, les congés sont peu nombreux au Québec. Calculés en fonction de l'ancienneté, ils sont, légalement, de deux semaines par an pour les cinq premières années de travail dans une entreprise. Par la suite, la durée des congés passe à trois semaines annuellement. Comme le marché du travail est très volatile, il est donc rare d'atteindre ces trois semaines de repos. Souvent, les Québécois prennent donc une semaine de congé sans solde, volontairement ou parce que leur entreprise cesse ses activités pendant la période de Noël et ne leur en laisse pas le choix. Les congés légaux sont aussi négociables, et certaines entreprises accordent trois semaines de vacances au lieu de deux, ou encore accorde une équivalence d'ancienneté pour faciliter le recrutement. Outre ces congés, il existe huit jours fériés légaux au Québec :

- le 1er janvier (jour de l'An)
- le Vendredi saint ou le lundi de Pâques, au choix de l'employeur
- le lundi qui précède le 25 mai (Journée nationale des patriotes)
- le 24 juin (fête nationale)
- le 1er juillet (fête du Canada)
- le 1er lundi de septembre (fête du Travail)
- le 2e lundi d'octobre (Action de grâces)
- le 25 décembre (jour de Noël).

La plupart des entreprises accordent un jour de congé supplémentaire pour la fête de Noël et un autre pour le Nouvel An.

L'emploi

Les Nord-Américains, gens pragmatiques, ne s'encombrent pas des incontournables études en ressources humaines dont l'Europe est friande avant d'embaucher quelqu'un. Lors d'une recherche d'emploi, ce n'est pas un euphémisme de dire qu'un océan sépare l'Europe du Québec. Pour trouver un emploi, les Québécois ont trois règles : être tenace, aller au devant des employeurs et surtout être décontracté. Pour les employeurs de la Belle Province, l'expérience de travail nord-américaine et préférablement canadienne compte pour beaucoup. Il y a donc un certain désenchantement pour des Européens ou Nord-Africains qui émigrent en Amérique du Nord, munis d'un solide bagage professionnel. Il en va de même pour les diplômes. Il existe bien depuis des années des équiva-lences de diplômes entre le Québec, la Belgique et la France, mais certains diplômes tels que les BTS, les DUT notamment, n'ont aucun équivalent dans la Belle Province. Certaines spécialités n'existent pas au Québec (c'est le cas de plusieurs spécialités en ingénierie). Malgré ces difficultés, un chef d'entreprise aura toujours quelques minutes à consacrer, et ce, parfois même sans rendez-vous (voir encadré). Il ne faut cependant alors ne pas lui faire perdre son temps et aller droit au but. Si l'expérience professionnelle nord-américaine prime, les employeurs savent tout de même donner leur chance aux jeunes, plus que leurs pairs européens.

Recherche d'emploi

« Non, je suis désolé. Nous n'avons pas de place pour vous en ce moment. Bonne chance cependant », avait répondu jovialement Laurent Beaudoin, alors PDG de Bombardier, à Arnaud, un ingénieur français. Il avait suffi au jeune homme de 26 ans de contacter le standard de l'entreprise pour obtenir immédiatement une brève entrevue avec le patron du troisième constructeur aéronautique mondial. La démarche paraît incroyable, mais elle est pourtant réelle. En Europe, voir un jeune diplômé parlant ne serait-ce qu'une minute avec le patron d'Airbus relèverait d'une opération marketing de l'entreprise. Que ce soit à Montréal ou à Québec, il n'est pas rare de voir des Canadiens, CV sous le bras, faire du porte-à-porte. C'est principalement vrai pour ce que les Européens appellent « les petits boulots », mais le système vaut aussi pour les emplois d'encadrement. Pour une profession ne nécessitant pas de qualifications particulières, les offres d'emploi sont légion dans les parties les plus commerçantes de Montréal. Les magasins de vêtements côtoient les restaurants les plus variés et sont souvent à la recherche de vendeurs ou de serveurs. Il suffit alors d'entrer et d'offrir ses services.

L'entreprise romande – **2005.**

Il faut savoir aussi que plusieurs entreprises québécoises cherchent à exporter vers l'Europe; ceci peut donc devenir un atout pour l'employé européen.

D'autres entreprises œuvrent dans des domaines où l'expertise européenne est valorisée : restauration, hôtellerie, tourisme vers l'Europe, édition, par exemple. Dans ces cas, l'Européen fraîchement débarqué peut faire valoir ses atouts et garde toutes ses chances.

Les stages

Contrairement à l'Europe, les stages sont généralement rémunérés. Il existe bien quelques rares stages non payés, mais la notion de stage précaire telle qu'on la retrouve sur le Vieux Continent pour employer gratuitement ou à très bas salaire et longtemps une main-d'œuvre étudiante ou en difficulté n'existe pas.

Le bénévolat

Le bénévolat, très populaire, est une manière de se constituer un réseau de connaissances pour entrer dans le monde du travail. Si l'objectif est de se familiariser avec un milieu de travail ou une industrie donnée et de développer son réseau, il importera de bien choisir son activité de bénévolat.

Le curriculum vitæ (CV)

Au Québec, les CV sont « anonymes » ou presque. Si les candidats y écrivent tout de même leur nom, il n'est pas d'usage de mentionner son âge, sa situation matrimoniale et de mettre sa photographie sur son curriculum. L'objectif avoué de cette pratique est de lutter contre la discrimination à l'embauche. Dans une province qui ne doit sa croissance qu'aux 50 000 immigrants qu'elle reçoit chaque année, le sujet est pour le moins important. Les Québécois, gens pacifiques, courtois et politiquement corrects, ne tolèrent en apparence pas la moindre discrimination. Mais le CV « anonyme » n'empêche pas les discriminations au moment de l'entrevue. Lors de celle-ci, le recruteur s'apercevra vite que son vis-à-vis n'a plus 30 ans ou parle avec un accent (les Québécois, eux, n'ont pas d'accent).

Contrairement à la France, les offres d'emploi au Québec ne spécifient jamais la gamme d'âges recherchée, ni le sexe, ce serait illégal.

Les qualités pour dénicher un emploi

Voici, selon Emploi Canada, les qualités nécessaires pour dénicher un emploi :

1. Aptitude pour le travail en équipe

2. Souplesse et polyvalence

3. Entregent et bonnes manières

4. Capacité à communiquer oralement et par écrit

5. Motivation et esprit d'initiative

6. Capacité à gérer le temps

7. Capacité d'agir pour le bien de l'équipe

8. Capacité d'entretenir de bonnes relations interpersonnelles

9. Capacité d'écoute

10. Capacité de développer la concertation

11. Capacité d'influencer ses collègues

12. Productivité dans le travail (exactitude, qualité, rapidité)

13. Capacité à cerner et résoudre des problèmes

14. Capacité d'apprendre et de se maintenir à jour

15. Capacité de sélectionner, parmi divers éléments, ceux qui sont les plus pertinents et de les traiter judicieusement

16. Capacité d'assimiler la culture de l'entreprise et se s'y intégrer rapidement

Les candidats européens ou nord-africains auront intérêt à développer leur capacité à répondre de manière positive à chacun de ces critères.

Outre ces qualités, le fait d'être bilingue (français-anglais) constitue un atout indéniable. Cela dit, le droit reconnu de travailler en français au Québec est protégé par les dispositions de la Charte de la langue française portant sur la langue du travail. Au-delà de ce «droit de travailler en français», il est bien évident que dans une économie où plus de la moitié du PIB est exporté, surtout vers l'Amérique du Nord anglophone, le manque de compétence en anglais limite fortement les possibilités d'embauche. Il faut y voir là du pragmatisme plutôt que de la discrimination.

Des relations de travail moins hiérarchisées et plus harmonieuses

Les relations de travail, moins hiérarchisées qu'en Europe, sont généralement aussi plus harmonieuses. Si les Québécois se plaignent du stress ou d'épuisement professionnel, la pression est très faible, si on la compare au Vieux Continent. Les heures de travail quotidiennes pour un cadre sont moins nombreuses qu'en Europe, tout comme les congés payés.

Les organismes d'aide à l'emploi

Il existe des dizaines d'organismes communautaires québécois d'aide à l'emploi. Les agents des Centres locaux d'emploi (CLE) reçoivent des demandeurs d'emploi, mais aussi des gens qui souhaitent changer de carrière. Lors d'un premier entretien d'évaluation de 45 minutes, un agent étudie les forces et les faiblesses de celui qu'il nomme le client. Il peut envoyer ce dernier pendant trois semaines dans un Club de recherche d'emploi, qui est une association à but non lucratif externe au CLE. Il peut proposer des mesures de formation dans une entreprise ou réorienter son client vers des études (des mesures de retour aux études existent pour les chefs de familles monoparentales). Le CLE peut favoriser le retour au travail dans une entreprise, grâce à

4

Trois questions à François Dupuis, vice-président et économiste en chef du Mouvement Desjardins

Quels seront les impacts de la pénurie de main-d'œuvre sur l'économie du Québec ?

Cette pénurie nuira au potentiel de l'économie québécoise au cours des prochaines années. Les entreprises freineront leurs projets d'expansion, ce qui aura un effet sur la création de richesse. La pénurie de travailleurs créera une surenchère sur les salaires, ce qui augmentera les coûts de production. D'où une baisse de compétitivité sur les marchés internationaux. Enfin, le vieillissement de la population pose des problèmes de successions pour les entreprises, en particulier pour les PME.

Quels seront les secteurs qui seront les plus touchés ?

Les agriculteurs doivent déjà importer de la main-d'œuvre de l'Amérique centrale et de l'Amérique latine. Lorsque l'industrie forestière redémarrera, au cours des prochaines années, nous manquerons aussi de travailleurs dans ce secteur. Enfin, environ la moitié des travailleurs des sociétés minières ont plus de 50 ans, alors que ces activités sont en pleine expansion.

Et dans les autres secteurs ?

Le secteur secondaire manque de relève. Il existe des créneaux prometteurs dans les domaines des textiles techniques, du meuble sur mesure et des papiers spécialisés. Les industries manufacturières recherchent des techniciens qualifiés, en mécanique, en électricité ou en chimie. Les secteurs de la restauration et de la santé connaissent une pénurie de main-d'œuvre. Dans la finance, en pleine effervescence, il est difficile de recruter. Les assureurs, eux, cherchent à attirer de jeunes agents d'assurances.

Challenges – **novembre 2010.**

---

des subventions salariales. Chaque agent suit de 150 à 200 clients. Les centres ne proposent pas seulement des offres d'emploi, mais aussi toutes les perspectives de travail dans un domaine donné.

Les licenciements

À la différence du Vieux Continent, le licenciement peut intervenir très facilement. Un employé peut être licencié sans préavis s'il a été embauché depuis moins de trois mois. Le préavis passera ensuite à deux semaines, puis à quatre semaines après cinq ans de présence dans une entreprise.

Les mises à pied

Outre le licenciement, il existe aussi la mise à pied. Cette interruption temporaire d'un contrat de travail se produit généralement lorsqu'une entreprise a un besoin moins important de main-d'œuvre. La mise à pied est différente du licenciement, qui est une interruption définitive du contrat de travail.

L'assurance-emploi

Avec un nom moins déprimant que l'assurance-chômage européenne, l'assurance-emploi soutient financièrement les travailleurs qui ont perdu leur emploi. Contrairement à la Belgique ou à la France, où les prestations de chômage représentent un pourcentage du dernier salaire, le Canada est beaucoup moins généreux. Les prestations de chômage sont plafonnées financièrement, quel que soit le montant du précédent salaire, et limitées à une année. Les départs volontaires ou les congédiements pour faute grave, insubordination ou absentéisme ne permettent pas l'accès à l'assurance-emploi.

Les syndicats

Les syndicats sont un État dans l'État. Les Européens francophones imaginent souvent que les travailleurs nord-américains se sont éloignés des syndicats. C'est un mythe. Le Québec atteint même des taux records de syndicalisation, avec 39% de syndiqués. Les quatre grandes centrales syndicales sont riches et puissantes. En effet, après une consultation et un vote des employés, si un syndicat entre dans une entreprise en obtenant l'appui de 50% plus un des employés

concernés, tous les salariés doivent verser les cotisations syndicales prélevée sur leurs salaires, que cela leur plaise ou non. C'est ce qu'on appelle la formule Rand, du nom du juge de la Cour suprême du Canada qui a statué ainsi en 1946.

Les ordres professionnels

Au Québec, l'exercice de plusieurs professions (ingénieurs, chimistes, comptables...) et métiers (soudeurs, plâtrier, électriciens...) est réglementé. Ces professions et métiers sont régis par une quarantaine d'ordres professionnels et par la Commission de la construction du Québec. Ces organismes de réglementation, dont le mandat est d'assurer la protection du public, ont le pouvoir de fixer les critères d'accès, les normes d'exercice et les compétences nécessaires des candidats pour l'obtention d'une autorisation d'exercice (permis, certificats d'exercice).

Ces exigences québécoises ont créé des difficultés d'accès pour plusieurs immigrants, même si l'ensemble de leurs études recueillaient une évaluation positive dans leur dossier d'immigration de la part du ministère de l'Immigration et des Communautés culturelles (MICC).

Par ailleurs, il est important de dire que les candidats à l'étranger signent un document reconnaissant que leur profession fait partie d'un ordre et qu'une réglementation s'applique avant de l'exercer. Libre à eux d'immigrer ou pas, l'immigrant a aussi ses responsabilités.

Économie, affaires et monde du travail

4

Économie, affaires et monde du travail

Les échelles salariales

Pour connaître les salaires pratiqués au Québec, l'aide du site Information sur le marché du travail (*http://imt.emploiquebec.net*), un service en ligne gratuit offert par Emploi Québec, est inestimable.

Le salaire minimum s'établit à 9,90 $ de l'heure, et à 8,55 $ pour les travailleurs touchant des pourboires (entrée en vigueur : mai 2012). S'il existe des échelles salariales, il est très important, plus qu'ailleurs, de négocier son salaire tous les ans ou lorsqu'on se voit confier de nouvelles responsabilités. À défaut, dans une entreprise, l'écart peut très vite se creuser avec les autres collègues. Ainsi, de bons salariés mauvais négociateurs peuvent être moins bien payés que de mauvais salariés bons négociateurs.

Le travail autonome

Les travailleurs autonomes ou travailleurs indépendants ont choisi (ou pas) de se mettre à leur compte pour gagner leur vie. Leur nombre est en augmentation constante au Québec. Comptables, journalistes, infographistes, bref, la liste des métiers est vaste. Le travailleur autonome est considéré comme un entrepreneur. Il doit chaque année produire des états financiers, mais aussi cotiser à la Régie des rentes du Québec et au régime public d'assurance médicaments.

Les coopératives

Depuis maintenant un siècle, les coopératives occupent une place de choix dans l'économie du Québec. Important acteur de changement, elles sont présentes dans de nombreux secteurs d'activité économiques et regroupent plus de 6 millions de membres : des producteurs, des consommateurs, des travailleurs. On les retrouve dans les secteurs des services financiers et des assurances, de l'industrie agroalimentaire, de l'habitation, de l'industrie forestière, pour n'en nommer que quelques-uns. Une coopérative a ceci de différent d'une entreprise traditionnelle qu'elle a pour objectif de satisfaire les besoins socioéconomiques communs de ses membres. Ces derniers sont des propriétaires-usagers. Ils assument les responsabilités liées à la propriété et possèdent en parts égales l'entreprise. Lorsque la coopérative réalise des excédents, ceux-ci sont affectés à la réserve de la coopérative. Cela permet de développer la structure ou de soutenir sa condition financière. Les membres peuvent aussi décider de répartir entre eux une partie de ces excédents sous forme de ristournes.

La durée du temps de travail

La durée légale de la semaine de travail est de 40 heures. Au-delà, l'employeur doit verser un taux horaire majoré de 50%. En revanche, le Québec n'impose pas de durée maximale du temps de travail. Les journées travaillées sont beaucoup moins longues qu'en Europe. Qu'ils soient cadres ou simples employés (à l'exception des commerces), les salariés débutent leur journée entre 8h et 9h le matin et terminent rarement après 17h. Mais les fins de semaine ne sont pas religieusement fériées comme en Europe et les commerces demeurent presque tous ouverts le dimanche.

Les congés parentaux

Le gouvernement québécois a mis en place un système de congés parentaux. Un parent peut prendre 52 semaines de congé parental. Ce congé s'ajoute au congé de maternité (18 semaines) et de paternité (5 semaines). Ces congés sont pris en charge par le Régime québécois d'assurance parentale (le montant de la rémunération varie selon le statut et l'ancienneté du travailleur). Une récente étude révélait que 60% des hommes québécois prenaient un congé de paternité de 5 semaines.

Faire des affaires

Le Québec, c'est l'Amérique, et tout y est fait pour faire des affaires. Les aides aux entreprises et la facilité pour créer son propre emploi sont d'indéniables bons points. Les négociations et les affaires avec les partenaires québécois se passent aisément. Le Québec compte pour l'essentiel un tissu de petites et moyennes entreprises (PME), et le financement est très adapté à ce type d'entreprises. En revanche, il faut savoir que le Québec peut être très protectionniste. Récemment, on entend aussi des accusations de corruption dans l'octroi des contrats publics.

Les infrastructures

Les infrastructures routières et ferroviaires sont moyennement développées, et elles sont dans un mauvais état. Assez curieusement, plutôt que de construire des routes solides, les autorités semblent préférer les réparer régulièrement. Le Québec routier actuel ressemble ainsi à un gigantesque chantier permanent où des ouvriers

Les principales sources de financement des entreprises

Banques canadiennes 52%

Autres banques 13%

Coopératives et caisses populaires 10%

Sociétés de financement 13%

Gestionnaires de portefeuille et capital risque 2%

Sociétés d'assurances 10%

Source Ubifrance 2009.

Économie, affaires et monde du travail

4

rebouchent à qui mieux mieux les trous dans la chaussée. De plus, l'étendue du territoire ne facilite pas les déplacements. En 2011, le gouvernement québécois a annoncé un vaste plan sur 25 ans pour développer le Grand Nord québécois en construisant des routes, des aéroports et des ports pour relier les communautés nordiques jusqu'ici isolées. Ce «Plan Nord» doit faciliter les échanges commerciaux.

Les moyens de paiement

L'argent liquide, les cartes de débit et de crédit sont les principaux moyens de paiement dans les relations quotidiennes. Entre partenaires d'affaires, le virement bancaire est utilisé pour sa rapidité et la lettre de crédit pour des sommes importantes. Le chèque de banque est parfois utilisé, alors que le chèque personnel est quasiment banni.

Les partenaires québécois

Les partenaires québécois agissent différemment de leurs contreparties européennes. D'une part, ils sont moins formalistes, plus décontractés (nous le rappellerons souvent dans ce chapitre), mais ils n'en sont pas moins nord-américains et assez rigides sur certaines choses. Les cartes de visite, appelées ici «cartes d'affaires», sont indispensables dans toutes les relations professionnelles avec des Québécois. Il est aussi important, après un rendez-vous, d'envoyer un petit courriel de remerciements à son interlocuteur. Il n'est pas question d'arriver en retard à une rencontre et de parler plus que nécessaire lors de celle-ci. Une réunion est programmée de telle heure à telle heure, et généralement l'horaire est respecté. Lorsque votre interlocuteur a fini de parler, cela veut dire que l'entretien est terminé et non pas qu'il faille continuer à parler. Le temps, c'est de l'argent, et l'argent est très important pour les Nord-Américains. Enfin, les partenaires québécois ne considèrent pas que les affaires se règlent autour d'une table de restaurant. Ne comptez pas non plus qu'ils vous invitent, même si vous êtes client!

Le rapport particulier avec les femmes

Dans des relations d'affaires entre un homme européen et une femme d'affaires québécoise, ce dernier devra éviter tout ce qui de près ou de loin pourrait être perçu comme une attitude machiste. Plus qu'aux États-Unis, où les comportements sont aussi extrêmes que variés, au Québec, le simple fait d'être un homme, européen, latino-américain ou africain, est pour bien des Québécoises, synonyme de machisme. Il convient d'être d'une extrême prudence, d'éviter tout humour sexiste ou grivois, toute réflexion, tout compliment physique ou vestimentaire. Bref assurez-vous vraiment de garder vos distances.

Négocier avec des Québécois

Négocier avec les Québécois semble très facile au premier abord. Les discussions sont courtoises et décontractées. Dès le départ, le négociateur étranger pense que l'affaire sera dans le sac rapidement et à son avantage. Dans les faits, les Québécois ne cèdent pas grand-chose. Ce sont d'excellents négociateurs. Leurs relations d'affaires sont moins affectives que ne le sont celles des Européens. Les Québécois privilégient le présent et le court terme. Enfin, n'oubliez pas que, lorsqu'un dialogue s'engage, la langue est différente. Les références aussi. Bref, l'argot, le parler vite, le verbiage des salons ou les particularismes linguistiques régionaux doivent être bannis. Si les Européens ont du mal à comprendre les Québécois, l'inverse est souvent plus vrai qu'il n'y paraît.

La corruption

La corruption est au cœur des débats de la société québécoise depuis quelques années, tant sur le financement des campagnes politiques que des liens entre certains syndicats de la construction et du crime organisé. L'organisme Transparency International a, en 2011, pointé du doigt le Canada (sans rentrer dans le détail du Québec) pour ses faibles efforts de lutte contre la corruption. Enfin, selon un rapport de l'OCDE, l'économie de l'ombre représente environ 15% du PIB du Canada, contre 8% pour la Suisse, 14% pour la France, 22% pour la Belgique et 27% pour l'Italie.

Lancer son entreprise

Créer une entreprise au Québec est un véritable bonheur de simplicité pour les Européens. L'administration est au service de l'entrepreneur. Les formalités administratives sont extrêmement simples et rapides à effectuer au regard de ce qui se fait sur le Vieux Continent. Il faut cependant absolument recourir à des professionnels et se faire aider. Trois métiers sont indispensables lors de la création d'une entreprise : le comptable (expert-comptable), l'avocat (ou le notaire) et le banquier. Contrairement à l'Europe, l'avocat est vraiment indispensable pour traiter tous les aspects du droit commercial et juridique.

Les aides aux entreprises

Outre un capital risque très développé, il existe de très nombreux programmes d'aide aux entreprises, quelle que soit la taille de ces dernières. Parmi ceux-ci, les nombreux programmes d'aide de la Banque de développement du Canada pour les petites et moyennes entreprises (PME), de la Société générale de financement, de la Caisse de dépôt et placement du Québec et du Fonds de solidarité de la Fédération des travailleurs du Québec sont de bons relais. L'organisme Info entrepreneurs offre de nombreuses informations sur les marchés nationaux et des services-conseils. À noter égale-

Économie, affaires et monde du travail

4

Des programmes d'aide aux PME spécifiques aux entreprises européennes

Chambre de commerce Canada-Belgique-Luxembourg: aide aux entreprises belges et luxembourgeoises.
www.cccbl.org

ERAI (Entreprise Rhône-Alpes international): aide et conseils aux entreprises de Rhône-Alpes.
http://ca.erai.org/front/index.php

Ubifrance (anciennement les missions économiques): aides et conseils aux entreprises françaises.
www.ubifrance.com/ca

Chambre de commerce française au Canada: conseils aux entreprises françaises.
www.ccfcmtl.ca

Alsace international: conseils aux entreprises d'Alsace.
www.alsace-international.eu

Bretagne international: conseils aux entreprises de Bretagne.
www.bretagne-international.com

ment, l'excellent travail mené par les SAJE, les Services d'aide aux jeunes entrepreneurs.

Les taxes

L'entrepreneur, y compris le travailleur autonome, doit s'inscrire auprès de Revenu Québec dès que son revenu annuel dépasse 30 000 $. Il joue le rôle de collecteur de taxes, comme en France, et perçoit la TPS et la TVQ, qu'il reverse ensuite au gouvernement.

Les charges sociales

Les charges sociales sont faibles au Québec au regard de l'Europe, tant pour l'employeur que pour l'employé, ce qui explique en partie la faiblesse (relative) du filet de protection sociale. Ces charges représentent environ 8% du total des salaires bruts pour l'employeur; les déductions sur les salaires des employés varient entre 10% et 15%, toujours prélevés à la source. Au Québec, on annonce toujours les salaires bruts, une somme que les employés ne touchent jamais vu les déductions à la source. Outre l'impôt, les prélèvements sont peu nombreux. Oubliez les feuilles de paie avec une longue liste de prélèvements, il n'existe que ceux de l'assurance-emploi, du Régime des rentes du Québec, du Régime québécois d'assurance parentale, de la Commission de la santé et de la sécurité du travail (CSST), auxquels s'ajoutent, pour l'employeur, des cotisations au Fonds des services de santé, au régime québécois d'assurance médicaments et à la Commission des normes du travail.

Imposition sur les sociétés

Si une société étrangère est domiciliée au Québec, elle est imposée sur ses revenus mondiaux. Si elle est non-résidente, seuls ses revenus canadiens sont imposables. Seules les sociétés par actions paient l'impôt sur les sociétés. Celui-ci est de 28,4% en 2011. Les autres types de sociétés paient une imposition sur les revenus personnels de leurs propriétaires.

La bureaucratie

Les Québécois se plaignent souvent de la bureaucratie. Celle-ci est toutefois moins lourde qu'en Europe francophone. Elle est pour ainsi dire minimaliste. Les fonctionnaires sont beaucoup plus au service de l'usager que ne le sont leurs confrères européens. Il n'y a pas de volonté de faire traîner les choses volontairement et d'ennuyer son vis-à-vis. Le pragmatisme nord-américain y est pour beaucoup.

Gérer la diversité ethnique

Au Québec, où une part de plus en plus importante de la population provient de l'immigration, les entreprises font de plus en plus souvent appel à des «gestionnaires de la diversité ethnique» sur les lieux de travail. Dans les sociétés d'État comme la Société de transport de Montréal (STM), un quart des embauches doit provenir des minorités visibles. La Banque Nationale du Canada, donnée comme une entreprise gérant bien la diversité, a créé un poste de «gestionnaire de la diversité». Claude Breton, porte-parole de l'établissement financier, explique: «*Un expert se consacre à la diversité. Rattaché au service Planification stratégique et diversité de la DRH, cet expert possède des connaissances à la fois dans les domaines du recrutement, de la formation et du développement organisationnel. Il doit faire preuve de leadership et être capable d'appuyer les cadres dans l'application et l'interprétation des règles concernant la diversité.*» Au quotidien, la gestion de la diversité se traduit essentiellement par l'aménagement d'accommodements religieux (congés et lieux de prière), mais aussi par la participation à des activités communautaires. Le gestionnaire de la diversité doit s'assurer que «*les politiques de ressources humaines soient exemptes de discrimination*», ajoute Claude Breton. À l'aide des programmes d'encadrement et de réseautage, le suivi des carrières est donc particulièrement renforcé pour les nouveaux arrivants.

Paru dans *Entreprise et Carrières* – octobre 2010.

Économie, affaires et monde du travail

4

4

La gestion du personnel

À l'instar des relations humaines et du peu de hiérarchie qui existe dans la vie quotidienne, la gestion du personnel est beaucoup plus décontractée au Québec qu'en Europe francophone ou en Afrique du Nord. Les embauches s'effectuent souvent directement par le futur supérieur hiérarchique et rarement par un service de ressources humaines. Exception faite des très grosses entreprises, qui sont peu nombreuses, la fonction Direction des ressources humaines (DRH) est moins institutionnalisée. Il en résulte une gestion du personnel moins administrative et moins rigide. Par contre, la souplesse du marché du travail fera que si, dans les faits, un employé peut être quasiment licencié dans la minute, l'inverse (embauche immédiate) est aussi vrai. Les salariés ne se privent pas d'abandonner une entreprise du jour au lendemain si on leur propose un salaire plus élevé (et parfois de peu) ailleurs.

Relations culturelles d'affaires

Les jeunes artistes peuvent s'inscrire aux programmes de coopération entre les deux continents pour conforter leur expérience. Les Français peuvent profiter jusqu'à l'âge de 35 ans de l'Office franco-québécois pour la jeunesse et les Belges jusqu'à 30 ans de l'Office Québec Wallonie Bruxelles pour la jeunesse. Ces deux organismes soutiennent les initiatives des jeunes en mettant à leur disposition argent et billets d'avion.

Le tourisme

De par son histoire franco-britannique, le Québec possède un environnement assez différent des États-Unis ou du Canada anglais. La province joue beaucoup sur ses racines françaises pour attirer les touristes des États-Unis.

Le tourisme local

Le Québec ne ressemble pas au Canada des cartes postales (c'est plus le cas en Colombie-Britannique et en Alberta), mais avec 22 régions aux paysages diversifiés, les possibilités touristiques sont assez larges. Le ministère du Tourisme a axé sa politique sur quelques thèmes principaux : l'agrotourisme, le tourisme culturel, le tourisme autochtone, le tourisme nature et enfin celui lié aux pourvoiries (chasse et pêche). Les Québécois aiment les activités de plein air, que ce soit l'été ou l'hiver. Parmi celles-ci, les randonnées en bicyclette ou en kayak. En été, la région des Cantons-de-l'Est et ses localités typiques sont particulièrement appréciées par les habitants du Québec. Ces

La pêche de l'extrême

Au Québec, la température oscille l'hiver entre moins 15 et moins 35 degrés centigrades. Ce climat extrême n'empêche pas les pêcheurs de s'adonner à leur sport favori. Ils creusent un trou d'une dizaine de centimètres de diamètre. Ils y déposent un petit bâton, la brimbale, au bout duquel pendent un fil et un hameçon. En janvier et février, les rivières et les lacs de la province voient alors défiler une cohorte de véhicules bigarrés. Chacun roule à qui mieux mieux sur la glace épaisse. Rivières et lacs sont souvent des domaines privés, les pourvoiries, dans lesquels le maître des lieux fixe le prix du plaisir. La pêche blanche, ou pêche sous la glace, est un excellent prétexte pour retrouver des amis dans le but de faire la fête. Les pêcheurs s'en vont par groupe de 8 ou 10. Ils se rejoignent dans une petite cabane de bois, équipée d'un poêle à bois et meublée de petits bancs rustiques, et des caisses de bière sont disponibles dans le coffre du 4 x 4 que l'on a amené jusqu'aux abords de la cabane. Les fans de la pêche sous la glace, toujours plus nombreux, seraient plus de 325 000 dans la province. Mais il faut aimer l'hiver et ne pas craindre les engelures pour attraper du poisson.

Paru initialement dans *La Voix du Luxembourg* – février 2006.

derniers savent également profiter du million de lacs que compte la Belle Province. En automne, les touristes vont observer les couleurs des forêts. En hiver, le choix de beaucoup de touristes se porte sur les Laurentides et ses stations de ski alpin, comme Mont Tremblant. Si les Québécois sont touristes tout au long de l'année, ils le sont surtout durant les vacances dites de la construction, pendant les deux dernières semaines de juillet. Le tourisme est une activité économique majeure qui procure du travail à près de 400 000 personnes.

Le tourisme des étrangers

Grâce à une politique touristique dynamique, le Québec a réussi à attirer, bon an, mal an, un peu plus de trois millions de touristes étrangers. Ce sont pour l'essentiel des Américains, des Français, des Britanniques, des Mexicains ou des Allemands. Le nombre de voyageurs étrangers varie beaucoup en fonction du cours des devises, mais aussi des modes. La forte baisse du dollar américain depuis quelques années face au «huard» (surnom donné à la pièce de 1 $) a entraîné une diminution des voyageurs en provenance des États-Unis. Les Français, qui ont été plus de 400 000 à venir visiter la province chaque année à la fin des années 1990, ne sont plus que 350 000. Il y a peut-être une lassitude pour une offre qui ne se renouvelle pas beaucoup.

Économie, affaires et monde du travail

4

Il existe un tourisme d'hiver, qui attire par exemple des motoneigistes européens passionnés de balades dans des espaces enneigés. Les touristes voyagent dans toutes les régions de la Belle Province, à l'exception notable du Grand Nord. Outre Montréal et la ville de Québec, certaines régions ont la faveur des touristes. C'est le cas des Laurentides, de la Gaspésie, du Saguenay–Lac-Saint-Jean et de Charlevoix, mais aussi de l'Outaouais, la région qui borde la capitale canadienne, Ottawa.

L'accueil touristique

L'accueil touristique est bien structuré. Le Québec compte plusieurs dizaines d'offices de tourisme répartis à travers la province. Dans chacun d'entre eux, des employés, souvent très jeunes, distribuent force brochures sur la région traversée, et cela, toujours avec le sourire. Tant à Montréal qu'à Québec, les deux centres Infotouriste constituent aussi une bonne base pour se renseigner sur les activités touristiques proposées dans l'ensemble des régions. Attention, cependant, les Québécois, très fiers de leur province et jamais critiques, auront tendance à dire que tout y est beau et à découvrir. La perception d'un Européen sur ce qui est considéré comme un monument ancien ou de charme est différente de celle d'un Nord-Américain.

Épilogue

Tour à tour amérindien, français, puis britannique, le Québec a gardé en lui un peu de chacune de ces époques. La Belle Province doit d'ailleurs sa richesse à cette mixité qu'elle a su conserver au fil des siècles, alors qu'au Canada anglais les racines françaises ne sont plus que de minces îlots.

Il serait pourtant bien prétentieux de vouloir résumer en un livre un territoire aussi vaste que la France, l'Espagne et l'Allemagne réunies. Il n'y a pas un Québécois, mais des Québécois. Le Montréalais, très ouvert sur le monde, souvent lui-même étranger, a peu de points communs avec l'habitant de Québec, plus refermé sur lui-même, ou avec l'Abitibien ou le Gaspésien, collés sur la nature.

L'image d'Épinal du bûcheron est dans l'ensemble dépassée, et les pionniers du Québec sont aujourd'hui ses immigrants. Ce sont eux qui lui insufflent son dynamisme et son goût de l'innovation, ses questionnements. Les Québécois, eux, ont abandonné les grandes questions de société qui ont façonné le Québec des années 1960, 1970 et 1980. La question indépendantiste semble désormais au point mort, même si elle sera toujours d'actualité. De cette époque militante, seul perdure le féminisme, et encore, celui-ci a légèrement perdu de sa dureté.

Le Québec, nous l'avons vu, est méconnu. Les Québécois ne sont pas les cousins des Européens francophones, tout au plus de lointaines connaissances. Si l'immigration en provenance d'Europe est toujours forte, les relations tant politiques que culturelles entre les deux continents se maintiennent au beau fixe, sans pour autant se développer. Les politiciens européens, français surtout, ont fini par se lasser de ces Québécois qui, lorsqu'ils sont indépendantistes, préfèrent employer le mot « souveraineté » entre guillemets et demander au Canada anglais la permission de faire l'indépendance. Le Québec aussi regarde moins l'Europe, et c'est peut-être là sa véritable indépendance.

Longtemps porte-étendard de l'Amérique francophone, la province, et sa jeunesse surtout, préfèrent la culture anglophone. Même la langue de Molière pourrait être bientôt minoritaire à Montréal. Ce n'est pas rien, car la grande région de Montréal représente près de la moitié de la population de la province et les forces vives de la nation québécoise. Sans la langue, c'est non seulement la survie du Québec qui est en jeu, mais aussi sa différence si mince par rapport aux États-Unis si proches géographiquement et culturellement.

Avec ses immenses ressources naturelles et son goût du « tout est possible », le Québec est un pays de cocagne. Espérons que les Européens, qu'ils soient touristes, entrepreneurs, immigrants ou étudiants, continueront à s'en rendre compte.

Bibliographie

Livres

- *L'état du Québec*, Montréal, Fides, 2011.
- *France-Québec* – Revue trimestrielle – Éditions France-Québec.
- *Histoire des relations internationales du Québec*, Montréal, VLB Éditeur, 2006.
- *Québec, espace et sentiment*, Paris, Éditions Autrement, 2001.
- BOUCHARD, Jacques. *Les nouvelles cordes sensibles des Québécois*, Montréal, Les Intouchables, 2006.
- HÉBERT, Anne. *Kamouraska*, Paris, Éditions du Seuil, 1997.
- HÉBERT, Anne. *Les Fous de Bassan*, Paris, Éditions du Seuil, 1982.
- HÉMON, Louis. *Maria Chapdelaine*, Montréal, Bibliothèque québécoise, 1997.
- HIRTZMANN, Ludovic. *Premiers contacts avec le Québec*, Québec, Éditions MultiMondes, 2004.
- HIRTZMANN, Ludovic et CHIRUGIEN, Estelle. *La santé au Québec*, Québec, Éditions MultiMondes, 2002.
- HIRTZMANN, Ludovic. *Se loger au Québec*, Québec, Éditions MultiMondes, 2002.
- HIRTZMANN, Ludovic. *Vive la pige*, Québec, Éditions MultiMondes, 2004.
- LÉTOURNEAU, Jocelyn. *Que veulent vraiment les Québécois ?*, Montréal, Éditions Boréal, 2006.
- MANSION, Hubert. *Guide de survie des Européens à Montréal*, Montréal, Guides de voyage Ulysse, 2012.
- NADEAU, Jean-Benoît. *Le Guide du travailleur autonome*, Montréal, Éditions Québec Amérique, 2007.
- TREMBLAY, Michel. *Chroniques du Plateau Mont-Royal*, Montréal, Leméac/Actes Sud, 2000.
- WOESSNER, Géraldine. *Ils sont fous ces Québécois*, Paris, Éditions du moment, 2010.
- YOUNG, Brian et DICKINSON, John A. *Brève histoire socio-économique du Québec*, Québec, Les éditions du Septentrion, 2009.

Médias et sites internet

- Le portail du gouvernement du Québec : *www.gouv.qc.ca/portail/quebec/pgs/commun/*
- Immigration et Communautés culturelles Québec : *www.immigration-quebec.gouv.qc.ca*
- Les Affaires (hebdomadaire économique) : *www.lesaffaires.com*
- Cyberpresse (quotidiens *La Presse*, *Le Soleil*, *Le Nouvelliste*, *Le Droit*, *La Tribune*, *La Voix de l'Est*) : *www.cyberpresse.ca*
- Le Devoir (quotidien) : *www.ledevoir.com*
- Jobboom (emplois et carrières) : *www.jobboom.com*
- Workopolis (emplois et carrières) : *www.workopolis.com*
- Statistique Canada : *www.statcan.gc.ca*

Index